新装版 厳選102アイテム！
クラスを「つなげる」
ネタ大辞典

中村健一 編著

掲示物は子どもたちと一緒につくる 5年2組。

やっぱり先生は絵がうまいなあ

描いたのぼくだけどね！

今回は文字を担当しました

黎明書房

はじめに

　今から 25 年以上前。私が若い頃の話です。

　私のような若造でも，教室の前に立っただけで，子どもたちは「教師」だと認めてくれました。すぐに「担任」だと認めてくれたのです。

　また，子どもたち同士も，同じクラスになっただけで，「仲間」だと思ってくれました。

　集まっただけで自然と「学級」になっていたのです。だから，意識して学級づくりをしなくても，「学級」が成り立っていました。

　今思えば，なんて幸せな時代だったんだろうと思います。

　教師が今，一番苦労する学級づくりの仕事をしなくてよかったのですから。

　しかし，今は違います。

　教室の前に立っただけでは，子どもたちは「教師」だと認めてはくれません。「担任」だと認めてはくれません。

　また，子どもたち同士も同じクラスになっただけでは，「仲間」だと思ってはくれません。ただ集まっているだけです。

　だから，意識して学級づくりをしなくてはいけません。「学級」をつくることが間違いなく教師の一番の仕事です。

　では，「学級」をつくるために，どうするか？

　意識して「つなげる」ことが必要です。

　教師と子どもを「つなげる」。そして，「教師」「担任」だと認めてもらわなくてはなりません。

　しかも，今どきの子どもたちは「個」の意識が非常に強い。

大変ですが，教師と子どもたち一人ひとりを「つなげる」必要があります。30人学級なら，30人全員一人ひとりと教師を「つなげる」必要があるのです。

　子どもと子どもを「つなげる」。そして，「仲間」だと認めてもらわなくてはなりません。
　しかも，今どきの子どもたちは「安心感」がない。
　大変ですが，「こんなことして浮かないかな」「こんなこと言って嫌われないかな」なんて「不安」を抱え，牽制し合っている子どもたちを「つなげる」必要があるのです。

　「つなげる」は，これからの教育を考える上で，一番重要なキーワードになると思っています。

　本書は，教師と子どもを，そして，子どもと子どもを「つなげる」ネタを集めた本です。
　ぜひ，本書を使って，教師と子どもをつなげてください。
　子どもと子どもをつなげてください。
　うまく「つなげる」ことができれば，「学級」が成り立つはずです。

　本書が厳しい学校現場で戦う先生方のお役に立てるとうれしいです。

　　　　　　　　　　　　　　　　　　　編著者　中村健一

も　く　じ

はじめに　1

第1章　教師と子どもを「つなげる」①
―子どもが話しかけやすくなるネタ―

1　先生はジャンケン王　10

2　「絆創膏ください」　11

3　秘密を共有する　12

4　シール，スタンプは子どもと一緒に選ぶ　14

5　先生も児童用トイレを使う　15

6　少年カジカワ　16
　　　―教師の子ども時代の失敗談を語ろう―

7　変なTシャツを着る　17

8　教師用筆箱は美容師バッグで　18

9　教室の掲示物は子どもたちと一緒につくる　19

10　クラスのぬいぐるみアイドル　20

11　おいしい歯みがき粉　21

12　子どもと一緒に帰る　22

第2章 教師と子どもを「つなげる」②
―「この先生，楽しい！ 面白い！」と思わせるネター

1　先生の癖に決め言葉で反応　24
2　先生が通せんぼ　25
3　連絡帳の見ましたサイン　26
4　「〇〇をしないでください。もししたら，××します」　27
5　お土産を買ってくる＆スペシャル土産でビンゴ大会　28
6　変 My チョーク　29
7　先生のダミーくん　30
8　秘密のお約束　31
9　１枚だけ違う学級通信　32
10　子どもたちの「カブった」をしつこいぐらいネタにする　33
11　チーム対抗ウルトラクイズ　34
12　イエスマン（キャラクター）におたずね　35
13　今年一年で「変身」しよう　36

第3章 教師と子どもを「つなげる」③
―「この先生，すごい！」
「この先生にならついていこう！」と思わせるネター

1　１，２ヵ月に一度は思い切って「宿題なし！」　38
2　習い事へのサプライズ参加　39
3　バウンドほめ言葉　40
4　チャイムピッタリで授業を終わる　41

5 先生と勝負！ 42

6 自習監督で担任の先生の良さを伝える 43

7 ミスターXより 44

8 学級通信で誕生日を祝おう 45

9 手のツボマッサージ 46

10 入試前に使い捨てカイロのプレゼント＆メッセージ 47

11 キーパーソンを捜せ！ 48

12 権威を使って権威をあげる 49

13 目線と距離で子どもの感じ方を調節する 50

第4章 子どもと子どもを「つなげる」①
―仲良くなるネタ―

1 集中力パワー!? 52

2 小指の円陣 54

3 物を取りに来る人を決めるだけでも「つなげる」ことはできる 55

4 他のクラスに勝負を挑む 56

5 誕生日ワッペン 57

6 「班」ではなく「チーム」と呼ぶ 58

7 変な一人称自己紹介 59

8 「つなげる」話型を教える 60

9 「合法的」交換日記 61

10 全力ジャンケン＆ハイテンションコール 62

11 寄せ書き風学級通信 63

12 みんなが絶対に嫌な思いをしない方法 64

第5章　子どもと子どもを「つなげる」②
―良さを認め合うネタ―

1　自分の特技で10分間限定授業　66
2　CMタイム　67
3　教師がほめるのを我慢して子どもに言わせる　68
4　「キラキラカード」をこそっと郵便　69
5　クラスの自慢通帳　70
6　ほめほめギャラリーウォーク　71
7　みんなで楽しむ「お手軽」ミニテスト　72
8　お悩み相談室　―ズバリ言うわよ―　73
9　日直日誌大作戦　74
10　いいところメッセージ　75
11　ポジティブ掲示板　76
12　水拍手　77
13　○○くんはエスパーです　78

第6章　子どもと子どもを「つなげる」③
―ミニゲーム集―

1　ジャンケン手たたき　80
2　ジャンケンカードを多く集めろ！　81
3　天下統一ドッジボール　82
4　あぺ～鬼　83

5 ピ・ピ・ピ・ピ・ピクショナリー 84

6 サバイバルジャンケン 85

7 勝敗の関係ないジャンケン 86

8 新聞紙ミッション 87

9 両手指相撲 88

10 フルーツバスケット＋ジャンケン 89

11 心ひとつに 90

12 た・た・た・た・たし算 91

13 「ん」で終わる長～い言葉を探せ！ 92

第7章 教師と保護者を「つなげる」ネタ

1 子どもの家庭について覚えよう 94

2 参観日に「赤ちゃん当てクイズ大会」を 95

3 親への感謝を伝える 96

4 校内きもだめし大会 —保護者とイベント大作戦— 97

5 保護者のイベントに参加する 98

6 バザーでカリスマ店員になる 99

7 保護者とつくるコラボレーション通信 100

8 学級通信に教師の学びの記録を書く 101

9 保護者が見たくなる連絡帳に 102

10 人間関係の三角形，積はいつも「＋」 103

11 懇談会でだっこの宿題 104

12 個人懇談会で友達が見つけた良いところを伝える 105

13 ちょっとおしゃべりの会 106

第8章　教師と職員室を「つなげる」ネタ

1　当番チャーンス！　108

2　職員会議の資料に当たりクジ　109

3　懇談が長引いたら，お助けコール　110

4　どんな仕事も喜んで引き受け，プラスαをして応える　111

5　職員室で話しかけられたら，相手の席の近くまで行く　112

6　お礼の言葉は玄関で　113

7　他の先生の特技をクラスの子にいかす　114

8　お花のプレゼント　115

9　学級通信をあげる　116

10　他のクラスの子の良いところを伝え合う　117

11　真剣教師　―しゃべり場―　118

12　校内で自主研修会　119

13　飲み会では「社長」「部長」，罰金も取ります　120

第1章
教師と子どもを「つなげる」①
―子どもが話しかけやすくなるネタ―

　教師と子どもを「つなげる」ためには，まずは
おしゃべりをすることが大切です。

　本章では，子どもたちが思わず教師に話しかけ
たくなるネタを集めました。

　これらのネタをつかって，一人ひとりの子ども
としっかりおしゃべりしましょう。そうすれば，
子どもたちとつながることができますよ。

① 先生はジャンケン王

　ジャンケンは，子どもたちとのコミュニケーションに有効なアイテムです。「先生はジャンケン王です」こう宣言するだけで効果抜群。子どもたちは次々と教師にジャンケン勝負を挑んできます。

すすめ方

① 新学期始めに自己紹介するとき，教師は「先生はジャンケン王です。世界大会でも優勝したことがあります。挑戦を待っています」と言う。

② 休み時間になると，子どもたちは教師にジャンケン勝負を挑んでくる。

③ 教師はジャンケンに勝てば，「やったー！」とオーバーに喜ぶ。負ければ，「やられた！　くやしい～」とオーバーに悔しがる。

④ 子どもたちは大喜びで，次々にジャンケン勝負を挑む。

つなげる教師の次の一手

　着任式の挨拶にも最適です。「先生はジャンケン王です」と全校の前で宣言すれば，学級・学年関係なしに全校の子どもたちがジャンケン勝負を挑んできます。

（神山）

② 「絆創膏ください」

　教師に話しかけたくても，何と言っていいのか分からない子は多いものです。ケガをしたときは，「絆創膏ください」と言いに来させましょう。それが会話のきっかけになります。

すすめ方

① 　教師は首にかけている名札など，子どもたちの目につくところに常に絆創膏を入れておく。

② 　子どもたちに「ケガをしたときは，先生に『絆創膏ください』って言いにおいで。そしたら，絆創膏あげるからね」と説明する。

③ 　教師は「絆創膏ください」と言われたら，傷の様子を見て絆創膏を貼ってあげる。そして，「どうしてケガしたの？」と理由などを聞く。

④ 　翌日には，「昨日のケガはどうですか？」と必ず声をかける。良くなっていたら「良かったね」などと言う。

つなげる教師の次の一手

　絆創膏はケガの治療に役立つだけでなく，子どもとつながるための有効なアイテムになります。可愛い絆創膏を用意しておくと，その絆創膏について会話が弾みます。

　ケガを見て状態がひどいようなら，もちろん保健室に行かせましょう。

（武部）

③ 秘密を共有する

　秘密を共有すると，人と人の距離はグッと縮まります。教師も意図的に子どもと秘密を共有する場面をつくりましょう。

すすめ方

① 　たとえば，ホワイトデーで女子だけにお返しを渡したいとき。クラス全員で卒業式の呼びかけのテストをする。そして，教師は「よし！男子は全員合格。素晴らしい呼びかけだ。それなら卒業生に感謝の気持ちが伝わるね。さすが！　では，男子，さようなら！」と言って，男子を教室から出す。

② 　さらに「女子は今から特訓です。特訓をするので，窓を全て閉めなさい」と言い，廊下側の窓とドアを全て閉めさせる。

③ 　窓とドアが閉まったのを確認したら，教師は指で「黙って」の合図を送る。そして，教師の机の所にランドセルを持ってくるように小声で言い，お返しを渡す。

④ 　教師の「ありがとうございました」に続けて，女子に「ありがとうございました」と呼びかけの練習をさせる。教師は「まだまだ小さい。それで感謝の心が伝わると思ってるのか!?」と言い，何度か繰り返し練習させる。

⑤ 　最後にもう一度，女子に「ありがとうございました」と言わせる。教師は小さな声で「どういたしまして」と言う。そして，大きな声で「その声なら,合格！　さようなら」と言って女子も帰らせる。女子は笑顔で帰って行く。

つなげる教師の次の一手

　サンフレッチェ広島の寿人タオルを買って来てくれたサッカー少年3人にだけ特別なお土産を手渡したことがあります。そのときは,「Aくん,Bくん,Cくん,話がある。残りなさい」と厳しい口調で言いました。そして,「さようなら」の後,3人だけ残しました。3人は「俺ら,何かしたっけ?……」と小声で相談しています。

　私が「お前らなあ!」と厳しく言うと,今にも泣き出しそうです。そこで,「この前は寿人タオル,ありがとう。これ,お土産。みんなには内緒だよ」とお土産を手渡すと,3人はホッとしたように笑い出しました。

　クラス全体にお説教をしたいときにも,この手が使えます。たとえば,ある男子が掃除中におしゃべりしているのを見つけたときです。

　その子に「次の時間,クラスみんなの前で君を叱るからね。クラス全体の掃除が少しだらけつつあるから,ピシッとさせたいのもあるし。素直に反省の態度を見せてくれるとうれしいな。みんなの前で叱るけど,許してね」と言います。

　いきなりクラスみんなの前で叱られると反発する子も,事前に内緒でそのことを告げられていると見事に叱られ役を演じてくれます。

（中村）

4 シール，スタンプは 子どもと一緒に選ぶ

　教室で使うシール，スタンプは子どもたちと一緒に選びましょう。それだけで会話が弾むこと間違いなしです。また，選んだシール，スタンプを実際に使うときにも，再び会話が盛り上がります。

すすめ方

① 教師は，シールやスタンプのカタログを教室に持っていく。そのカタログをさりげなく見ているだけで，子どもたち（特に女子）が寄ってくる。

② 「次に使うシールを注文したいんだけど，どれにしようか迷っているんだよねえ」と教師は言う。すると，子どもたちはカタログチェックを始め，「これがいい」「あれがいい」と言い，盛り上がる。

③ 子どもたちと数種類を選んだ後，教師は注文する。

④ 注文したシールやスタンプが届いたら，選んでくれた子どもたちに見せる。すると，また会話が弾む。

つなげる教師の次の一手

　④は届いたことを内緒にしておいても面白いです。選んでくれた子のノートにシールを貼っておけば，「先生，この前のシール，届いたんだ！」とすぐに話しかけに来ます。

（楠本）

5 先生も児童用トイレを使う

　教師が児童用トイレを使うだけのネタです。それだけですが，「えっ?!　何で先生がいるの？」と不思議がって子どもたちが声をかけてくれます。また，日常的に使えば，トイレでいろんな話ができます。

すすめ方

① 　教師は職員トイレではなく，児童用トイレを日常的に使う。

② 　最初は子どもたちは教師がいることに驚く。そして，「先生も同じトイレを使うの？」と話しかけてくる。

③ 　子どもたちが慣れてきたら，教師は「寒いな～」「ふ～漏れそうだったから助かった～」と話しかける。

④ 　用を足しながら子どもたちといろんな話ができる。

つなげる教師の次の一手

　教師から「一緒にトイレに行こうよー」と言いながら「女子か！」とツッコミを入れると場が和みます。

　一緒にトイレを使うことで，さり気なくトイレのスリッパや使い方のチェックもできます。

（髙橋直）

少年カジカワ
―教師の子ども時代の失敗談を語ろう―

6

　教師の子どもの頃の失敗談を紹介しましょう。子どもたちは先生をグッと身近に感じます。

すすめ方

① 授業中の雑談で「少年カジカワの話なんだけどさあ」と教師は話を切り出す。

② 教師は自分が子どもたちと同年代だった頃の話をする。「自転車に変な乗り方をしていたら，側溝に落ちてケガをした話」などの失敗談がよい。子どもたちは笑顔で聞いてくれる。

③ 失敗談は，バカなことをすると，結局は大人（親や先生）に怒られて終わるという展開がウケる。子どもたちは「そんなの絶対に怒られるに決まってるよ」と言いながら喜んで聞く。

④ くり返し話すと，「少年カジカワの話なんだけどさあ」と言うだけで，子どもたちは期待するようになる。

つなげる教師の次の一手

　教師自身のことでなく，あくまで「少年カジカワ」の話だと押し切ってもよいでしょう。子どもたちは面白がります。

　教師が失敗談を話すことで，子どもたちも自分の失敗談を話しやすい雰囲気ができます。失敗や間違いを恐れなくなる第一歩です。

（梶川）

⑦ 変なTシャツを着る

　教師が変なTシャツを着るだけのネタです。それだけですが，子どもたちは「そのTシャツ何？」と話しかけたくなります。

　すすめ方　◀

① 　教師は変なTシャツを着て，教室に入る。自分からは，そのTシャツについて，一切ふれない。
② 　子どもたちは，そのTシャツが気になる。そして，授業中にもかかわらず「そのTシャツ何？」と言う。しかし，教師は相手にしない。
③ 　休み時間になると，何人もの子どもたちが「そのTシャツ何？」と言いに来る。教師は「このTシャツはねえ……」と話をする。

つなげる教師の次の一手

　私は「カツオのたたき（サザエさんのカツオ君が叩かれている絵）」や「キンチョースル（蚊取り線香の絵）」「日本人なら米食えよ。（マクドナルドのキャラクターが言っている絵）」などの面白Tシャツをたくさん持っています。

　「OCOSITE（ラコステのワニがひっくり返っている絵）」や「酒人（ARU CHU）酒しか信じない。」と書いてあるTシャツは全く子どもウケしません。しかし，夏休みなどに同僚の前で着ると好評です。

　神戸の三宮駅から元町駅に続く高架下の商店街に面白Tシャツを売っている店があります。私は神戸に行ったときは必ずその店に立ち寄り，Tシャツを2枚購入しています。1枚2000円程度です。

（中村）

8 教師用筆箱は美容師バッグで

　美容師が使うバッグ（シザーケース）を教師の筆箱にします。ペンやハサミだけでなく，定規やのりなども入れることができ，機能的かつスタイリッシュな筆箱になります。子どもたちもおしゃれな筆箱に興味津々です。

すすめ方

① 教師は雑貨屋やインターネット通販，美容室などでシザーケースを手に入れる。

② 美容師がハサミを入れるところに，ペンや工作用ハサミなど，教室で使いたいものを入れる。

③ 教師は美容師と同じように腰にシザーケースを付けて使う。

④ 子どもたちは興味津々。「先生，それ何？」と話しかけてくる。

つなげる教師の次の一手

　シザーケースは1500円程度から購入できます。

　机間指導のときにさっとペンを取り出せるなど，筆箱を持ち歩く必要がないので機能的です。

　中に入れる物は，ペン（数本），ハサミ，定規，分度器，コンパス，のり，デジカメなどお好みに応じて様々なものが考えられます。

（藤原）

9 教室の掲示物は 子どもたちと一緒につくる

　教室の掲示物を子どもたちと一緒につくりましょう！　それだけで子どもたちと教師の距離がグッと縮まります。教師の仕事も減って，一石二鳥です。

すすめ方

① 　休み時間，教師は教室で掲示物をつくる。つくっていると，子どもたちは興味を持って近寄ってくる。
② 　教師は「先生一人でつくるのは大変なので，手伝ってくれる？」と言う。喜んで手伝ってくれる子が多い。
③ 　最初はパーツを切ったり，貼ったりの簡単な作業をお願いする。上手になったら，絵を描くなどの難しい作業もお願いする。
④ 　完成したら，教師と子どもたちで一緒に掲示すると楽しい。

つなげる教師の次の一手

　子どもたちと雑談しながら，ワイワイ楽しくつくるのがポイントです。
　子どもたち同士で教え合う姿も見られます。子どもと子どもも「つなげる」ことができるネタです。　　　　　　　　　　　　　（楠本）

⑩ クラスのぬいぐるみアイドル

　自分に似ているぬいぐるみを教室に置きましょう。子どもたちはそのぬいぐるみをアイドルのように可愛がります。そして，ぬいぐるみに似ている先生にも親近感をもちます。

すすめ方

① 　教師は，自分に似ているぬいぐるみを用意する。（私は最近，少しお腹が出て来たので，皇帝ペンギンの赤ちゃんのぬいぐるみ）そして，教卓の後ろの棚の上にいつも置いておく。

② 　自分の名前に似た名前をつける。（私の名前が健一なので，ペンキチ）そして，ペットとして可愛がる。

③ 　子どもたちは「先生，そのぬいぐるみ何？」と話しかけてくる。教師は「先生のペットだよ。最近，よく似てきてねえ」と答える。子どもたちも，ぬいぐるみを可愛がるようになる。

④ 　授業にもぬいぐるみを参加させる。教師とペンキチで会話をしながら説明したり，「ペンキチにも分かるように教えてあげて」と言ったりすると，子どもたちが笑顔になる。

つなげる教師の次の一手

　休み時間になると，子どもたち（特に女子）がぬいぐるみのお世話をしてくれます。マフラーを編んできてくれたり，手提げや首飾りなどのプレゼントをしてくれたりする子も出てきます。

（高橋健）

クラスのアイドル
ペンキチ

⑪ おいしい歯みがき粉

　　給食後の歯みがき時間，おいしい味のする歯みがき粉を用意する
だけのネタです。

　　一緒に楽しく歯みがきすれば，子どもたちとの会話も弾みます。
子どもたちも歯みがきの時間を楽しみにします。

すすめ方

①　教師はおいしい味のする歯みがき粉を5種類ぐらい用意する。

②　給食を食べ終わった子は，教師の所に歯ブラシを持っていく。

③　教師は歯みがき粉を机に並べ，
　「今日はどれにする？」と聞く。
　子どもたちは「いちご味」など，
　歯みがき粉を指定する。

④　教師は歯ブラシに歯みがき粉を
　つけてあげる。

⑤　子どもたちは「今日は何味にし
　ようかなあ」と話し，歯みがきを
　楽しみにするようになる。

つなげる教師の次の一手

　可能な範囲で，教師も一緒に歯みがきしましょう。一緒に歯みがきす
ることで子どもたちは教師を身近に感じます。

　たとえば，いちご味を選んだ子に，「○○ちゃんは，いちごが好きな
の？」などと話しかけましょう。歯みがきが会話のきっかけになります。

（松久）

⑫ 子どもと一緒に帰る

先生が子どもたちと一緒に通学路を歩いて帰ります。たわいもない話をしながら一緒に歩いていると，教室ではなかなか言えない本音がぽろっと出て来ます。

すすめ方

① 会議等がない日の放課後。帰りの挨拶をしたら，教師は下校する子どもたちと一緒に校門から出る。

② そのまま子どもたちと話をしながら通学路を一緒に歩く。

③ 流行っていること，昨日見たテレビの話など，たわいもない話をしながら歩く。子どもたちは学校の外なので，普段は話しにくいことも話してくれる。

④ 最後の子が家に着くのを見届けて，教師は学校へ帰る。

つなげる教師の次の一手

時間がないときは，通学路の途中まででも OK です。途中まででも先生が一緒に歩くだけで子どもたちは喜びます。

特に気になる子と一緒に帰るとよいでしょう。家に保護者がいれば，そのまま話をすることもできます。

「○○先生がいない！」と学校で捜索されないように，あらかじめ同学年の先生には一言伝えておきましょう。

(三小田)

第2章
教師と子どもを「つなげる」②
―「この先生，楽しい！ 面白い！」と思わせるネタ―

> 　子どもたちは楽しい，面白い先生が大好きです。
> 　本章のネタを連発して，「この先生，楽しい！ 面白い！」と思わせましょう！
> 　そうすれば，子どもたちは「この先生とつながっていたいな」と思ってくれるはずです。

① 先生の癖に決め言葉で反応

　教師がメガネを触ったら「シャキーン」と言うなど，教師の癖に決め言葉で反応させるネタです。子どもたちは先生の癖を楽しみながら指摘します。

① 　教師は「松久先生には癖があります。見つけたら言ってください」と言う。子どもたちは癖を見つけようと，教師に注目して見る。
② 　メガネを触る癖を見つけられたら，「先生，癖を直したいんだけど，協力してくれる？」と言う。子どもたちは笑顔で「いいよ」と言う。
③ 　先生がメガネを触ったら，次の3つの決め言葉で教えてほしいとお願いする。

　・左手でメガネを触った。→「シャキーン」

　・右手でメガネを触った。→「キラーン」

　・メガネの鼻で支えている部分を触った。→「タラーン」
④ 　子どもたちは教師の顔を注意して見る。そして，癖を見つけたら，決め言葉を楽しそうに言う。

つなげる教師の次の一手

　4月の最初，担任に興味をもたせたいときに使うネタです。

　長い期間やるネタではありません。くどい，しつこいと感じたら終了を宣言しましょう。

　最初から「3日間限定」「1週間限定」と期限を決めておくのもよいでしょう。

（松久）

② 先生が通せんぼ

　子どもたちが通るのを教師が邪魔します。何とか通り抜けようとする子どもたちと教師の会話やスキンシップが生まれます。

すすめ方

①　休み時間，教師は出入り口の前に仁王立ちする。

②　子どもたちが廊下に出ようとしたら，「俺を倒してから行け！」と言い，通せんぼする。

③　子どもたちは何とか通せんぼをかいくぐって廊下に出ようとする。教師は全力でそれを阻止する。

④　子どもたちが本当に嫌になってきたと感じたら，力を緩めて通してあげる。

つなげる教師の次の一手

　教室を出て下校する前，トイレを出る前などでも楽しめます。

　ジャンケン勝負を挑み，勝った子だけ通らせてあげるのも楽しいです。

（髙橋直）

③ 連絡帳の見ましたサイン

　連絡帳の担任印の欄に一日一文字を書きます。その文字をつなげば言葉（キーワード）が完成です。たとえば3文字の「手→羽→先」なら，3日後にできあがります。子どもたちは毎日，どんな言葉ができあがるか予想を立て，楽しんでサインをもらいに来ます。

すすめ方

①　子どもたちは，連絡帳に日課を書く。書けた子は，教師のところに持っていく。

②　教師は正確に丁寧に書けているかをチェックする。合格の子には，「世」とサインする。

③　次の日も，同じように連絡帳を持って来させる。合格の子には，「界」とサインする。子どもたちは，ハテナ顔。

④　次の日に「の」，さらに次の日に「山」と書く。すると，子どもたちは，ひょっとしてアレかな？　と予想を言い合う。

⑤　7日目に「ん」と書くと，子どもたちが「先生のサイン，続けて読むと，『世界の山ちゃん』だね」と嬉しそうに言いに来る。

つなげる教師の次の一手

　学級の目標や学習の重要語句などをキーワードにしても面白いです。子どもたち全員が知っているキーワードが盛り上がります。
　「C」「o」「C」「o」「壱」「番」「屋」などみんなが知っているお店はオススメです。

（髙橋直）

4 「○○をしないでください。もししたら，××します」

　教師は「先生に触らないでください。もししたら，力ずくで握手をします」などの文を胸に貼ります。ダメと言われれば，子どもたちはやりたくなるもの。興味津々で教師に触ってくるので，握手でスキンシップがとれます。

すすめ方

① 　教師は「○○をしないでください。もししたら，××します」と書いた A4 の紙を胸に貼る。

② 　「××」には，教師が子どもたちとつながるためにしたいことを入れる。たとえば，「握手」「ハイタッチ」「頭なでなで」など。

③ 　「○○」には，誰でもできる簡単なことを入れる。たとえば，「おはようと言う」「先生の名前を呼ぶ」「右肩にタッチ」など。

④ 　紙を見た子どもたちは，○○をしたくなる。

⑤ 　○○した子には，××をする。すると，スキンシップがとれる。

つなげる教師の次の一手

　次のような文が考えられます。

・「先生の許可なしにあいさつをしないでください。もししたら，先生はあなたの鼓膜が破れるくらい大きな声であいさつをします」

・「おじさんと呼ばないでください。もししたら，あなたをおじいさんと呼びます」

（髙橋直）

5 お土産を買ってくる＆ スペシャル土産でビンゴ大会

出張や旅行に行ったら，子どもたちにお土産を買ってきましょう。スペシャル土産も用意して，ビンゴ大会の景品にします。子どもたちが「この先生のクラスで良かった！」と思うこと間違いなしです。

すすめ方

① 子どもたちに「中村先生のことが，大好きですか？」と聞く。子どもたちは「何かあるな」と勘づいて「はい！」と元気よく答える。

② 教師は「中村先生も君たちのことが大好きです。だから，……お土産を買ってきました」と言う。すると，歓声が起きる。

③ クラス全員に小さな饅頭１個程度のお土産を配る。さらに「中村先生は君たちのことが大好きなので……スペシャル土産も用意しました」と言って，袋に入ったお土産を５つ出す。教室は大熱狂。

④ 「ビンゴ大会をしましょう！　先着５名にスペシャル土産をプレゼント！」と言うと，子どもたちは大喜び。

⑤ ビンゴ大会をして，ビンゴした子から好きな袋を選んでいく。

つなげる教師の次の一手

他のクラスの子には絶対に言わないようにさせます。他のクラスへの配慮と，秘密を共有する楽しさがあります。

多少コストがかかりますが，教師と子どもたちを「つなげる」ためなら，安いものです。ただし，他のクラスにバレるとやりにくくなるので，高額にならないよう，ささやかなお土産にしましょう。

(中村)

6 変 My チョーク

　チョークの粉を集め，水で練って固めます。好きなように形や色を組み合わせることができ，自分だけのチョークをつくれます。

　変 My チョークを作らせると，子どもたちは大喜びです。

すすめ方

① 　教師は，チョークの粉末を集めておく。

② 　チョークの粉末がたまったら，子どもたちに変 My チョークをつくろうと呼びかける。すると，子どもたちは何か楽しそうとノッてくる。

③ 　チョークの粉末をお椀のような容器に入れる。そして，少しずつ水を加えて練る。

④ 　ゼリーの容器や製氷器など自分の好きな型に入れて乾かす。乾けば変 My チョークの完成である。

⑤ 　変 My チョークは，机の中に入れさせておく。そして，算数の問題を黒板で解くときなどに使わせる。すると，子どもたちは，変 My チョークが使いたくて，意欲的に手を挙げる。

つなげる教師の次の一手

　「羽衣チョーク」「イトウ・カルシウムチョーク」「ナニワ・ノンダスト・チョーク」「馬印・スクールチョーク」でつくることができました。

　チョークの箱に「無害」と書いてあるので，安全です。

（髙橋直）

⑦ 先生のダミーくん

　出張などで教室を空けることがあります。そんなときは，教師の代わりのダミーくんに教室をお願いしましょう。子どもたちは，先生代わりのダミーくんを見ながら，しっかりと自習します。

すすめ方

①　教師が教室を空けることになったとき。教師はポケットから小さな人形を出す。そして，「君たちがちゃんと自習できるか，見てくれる先生のダミーくんを置いていきます。君たちの自習の様子をダミーくんが先生に教えてくれるからね」と言う。そして，教室を出る。

②　教室を出るが，3分ぐらい隠れて自習の様子を見ておく。

③　ちゃんとできない子がいたら，ハアハア言いながら，教室に入る。そして，「今ダミーくんが教えてくれたんだけど，○○くん，××くんと話していたでしょう」と言う。

　全員がちゃんとできていたら，「今，ダミーくんが教えてくれたんだけど，みんなちゃんと自習できてるんだってね。すごいね！」と言ってほめる。

気になる存在「ダミーくん」

④　子どもたちはダミーくんを見ながら，がんばって自習する。

つなげる教師の次の一手

　ダミーくんはどんな人形でも構いません。しかし，教師にどこか似ている人形が用意できればベターです。

（佐藤）

8 秘密のお約束

「○○したら，△△する」という学級のお約束をつくります。

すすめ方

① 教師は拍手をしながら教室に入る。そして，タモリさんのように
ポーズをつけて，「パン，パパパン」で終わるように促す。

② クラス全員がうまく「パン，パパパン」で終われたら，教師は笑顔
で「何にも説明してないのにできた！　すごい！」とほめる。

③ うまく行かなかったら，「ダメじゃん」と笑顔でツッコむ。そして，
「パン，パパパン」で終わることを説明し，練習する。

④ 次に教師が拍手しながら教室に入ったときには，クラス全員がうま
く「パン，パパパン」で終わり，教室に笑顔があふれる。

つなげる教師の次の一手

他にも次のようなお約束をつくることができます。

・教師が「教室のゴミを見つけたら，いつ拾うの？」と言ったら，学級
全員で「今でしょ！」と言う。（予備校講師・林修氏のネタ）

・教師が足でドンと地面をけったら，学級全員が一斉に気をつけをして
立ち，ジャンプする。（ダチョウ倶楽部のネタ）

・学級の仲間が「□□します」と言ったら，「じゃあ，私も」「じゃあ，
僕も」と続く。最後の人が「私も」と言ったら，全員で「どうぞ，ど
うぞ」と言う。（これも，ダチョウ倶楽部）

・重い物を持ち上げたら，「ワイルドだろ～。こんなの片手で持ち上げ
ちゃうぜ」と言う。（スギちゃんのネタ）

（神山）

⑨ 1枚だけ違う学級通信

　学級通信の中に1枚だけ違うものを入れます。その学級通信が当たった子は，みんなからうらやましがられます。

すすめ方

① 教師は学級通信を刷るとき，1枚だけカラー印刷する。

② 教室で配ると，カラーの学級通信が当たった子は，すぐに気づく。

③ 教師は「今日は1枚だけカラー版があるよ。誰が当たったかな？」と聞く。

④ カラー版が当たった子は大喜び。他の子も「いいなあ」とうらやましがる。

つなげる教師の次の一手

　1枚だけ両面印刷，1枚だけフォントをかえる，1枚だけ隅にゆるキャラの写真を入れるなど，いろいろな方法が考えられます。

　1枚だけ方言や武士語で書かれた学級通信も面白いです。方言変換サイト（http://monjiro.net/）を使ってつくってみてください。

（髙橋直）

⑩ 子どもたちの「カブった」を しつこいぐらいネタにする

「赤いTシャツの男子が5人いた」「休日に同じ映画を見た人が3人いた」など，子どもたちの「カブった」を思いっきりネタにしちゃいましょう。先生のしつこいまでの徹底ぶりを子どもたちは面白がります。

すすめ方

① 教師は，子どもたちの様子を見たり，雑談したりする中で，子どもたちの「カブった」を見つける。

② たとえば，赤いTシャツの男子が5人いた場合。5人を集めて，写真を撮る。

③ 撮った写真を「これでもか」という程，徹底的に利用する。教室に掲示，学級通信で紹介，5人にプレゼントなど。

④ 教師のしつこいまでの徹底ぶりに「先生，もういいよ」と子どもたちは笑顔でツッコむ。

つなげる教師の次の一手

「徹底的に」がポイントです。子どもたちがあきれるぐらい，しつこくやりましょう。それが笑いにつながります。

子どもたちの個性を見極めてやりましょう。一般的には元気な人気者の男子をいじるのがベストです。女子をいじってはいけません。

教師のアンテナの高さがこのネタの面白さを左右します。常に子どもたちの様子を見て，「カブった」を見つけましょう。 （楠本）

⑪ チーム対抗ウルトラクイズ

授業の最後にまとめのクイズを出します。チーム対抗の形にすると, 大盛り上がりです。

━━━━━━━━━━━ ▶ **すすめ方** ◀ ━━━━━━━━━━━

① クラスの子どもを2チームに分ける。そして, チームが分かるように赤白帽子をかぶらせる。

② 教師はあらかじめ赤チームから3人, 白チームから3人, ラッキーボーイ（ガール）を選んでおく。その子が誰なのかは内緒。

③ 教師はクジで解答者を1人決める。問題を出し, 正解したら, 解答者は相手チームから1人を選ぶ。そして, その子の帽子をひっくり返す。

④ もし, ラッキーボーイ（ガール）の帽子をひっくり返した場合には, もう1人分の帽子をひっくり返すことができる。

⑤ ①〜④をくり返して行う。授業終了のチャイムが鳴った時点で, 帽子の色の多いチームが勝ち。

つなげる教師の次の一手

教師はクイズ番組の司会者のようなノリで進行しましょう。
バックミュージックを流すと, さらに盛り上がります。

（神山）

⑫ イエスマン（キャラクター）に おたずね

教師がキャラクターと会話をしながら，子どもたちに話をします。教師が話すだけよりも，インパクトを与えることができます。

◀ すすめ方 ◀

① 教師は光が当たるとうなずく仕組みのキャラクターグッズを用意する。

② たとえば，学級目標を決めた後。教師は太陽光パネルを手で隠して，「この学級目標に全員が向かったら，きっといいクラスになりますね？」とキャラクターにたずねる。

③ ここで手を外して太陽光パネルに光を当てると，キャラクターは反応してうなずく。すると，子どもたちから笑いが起きる。

④ 教師が質問してキャラクターがうなずく。これをくり返す。子どもたちは，教師とキャラクターのやり取りを楽しみながら聞く。

つなげる教師の次の一手

イエスマンは，タカラトミーの「のほほん族」がオススメです。アマゾンなどで入手できます。

（松久）

⑬ 今年一年で「変身」しよう

　「今年こそ変わりたい」と思っている子は多いもの。教師が「変身」するパフォーマンスを見せることで，子どもたちをやる気にしましょう。

すすめ方

① 　新年度最初の学年集会で担任が話をするとき。教師はサッカーのユニフォームの上にスーツを着ておく。

② 　各担任の自己紹介で，自分の番になったとき。子どもたち全員に「へ〜んしん！」と声をかけてもらう。

③ 　教師は声に合わせて，仮面ライダーが変身するときのポーズをする。そして，子どもたちが見えない所に行って，急いでスーツを脱ぐ。

④ 　サッカーのユニフォームで再登場する。すると，子どもたちは驚いた顔をする。そして，笑いが起きる。

⑤ 　最後に教師は「今年1年間で素晴らしい6年生に変身しよう！」と言って自己紹介を終わる。

つなげる教師の次の一手

　サッカーのユニフォームは変な着方をしてもよいでしょう。「急いで変身すると，変な着方になっちゃうね。これから1年間かけて，ゆっくり変身していこう」と説明すると，子どもに安心感を与えら

れます。この実践は尊敬する当時の主任の姿から学びました。　　（松久）

第3章
教師と子どもを「つなげる」③
―「この先生，すごい！」
「この先生にならついていこう！」と思わせるネタ―

　教師はリーダーです。しかし，今どきの子ども
たちにとって，教師は「先生」という絶対的なリー
ダーではありません。せいぜい「上司」程度の感
覚です。

　厳しいだけの「上司」が好きですか？

　本章のネタを使って，子どもたちに頼られる
リーダーになりましょう。そうすれば，子どもた
ちは「この先生にならついていこう！」と思って
くれます。

① 1，2ヵ月に一度は 思い切って「宿題なし！」

　運動会や音楽祭など，子どもたちが思いっきりがんばった後は，思い切って「宿題なし！」を宣言しましょう。子どもたちは大喜びで，「この先生にならついていこう！」と思います。

すすめ方

①　運動会の後，教師は「今日の運動会，これ以上ないぐらい全力でがんばった人？」と聞く。子どもたちは全員手を挙げる。

②　教師は「先生もみんな全力でがんばったと思います。感動した！　あれだけがんばれば，疲れたでしょう。ということで，今日は，……宿題なし！」と宣言する。

③　子どもたちは大喜びで，「やったー！」と歓声を上げる。

つなげる教師の次の一手

　タイトルの通り，1ヵ月か2ヵ月に一度が限界です。多用する技ではありません。

　①のようにクラス全員が手を挙げられるような全力のがんばりが見られたときに限ります。

　「漢字練習だけなし」のようなせこいことはやめて，全ての宿題をなしにしましょう。我々大人もそうですが，子どもたちもせこいリーダーは信頼しません。

（中村）

② 習い事へのサプライズ参加

　子どもの試合や発表会など，教師がどんどん応援に行きましょう。学校以外でのがんばりを認めることで，子どもは担任に親近感を持ちます。また，学校外のことにも時間をさいてくれる担任に子どもも保護者も感謝します。

すすめ方

① 教師は，子どもがどんな習い事をしているか，4月の最初に調べておく。

② 子どもとの雑談の中で，試合や発表会の日程と場所を聞き出す。行けそうな場合には，「先生，応援に行くかもよ」と事前に言っておく。

③ 試合や発表会を見に行ったら，子どもの活躍を思い切り応援する。時間があれば，保護者ともたっぷり話をする。

④ 勝っても負けても，成功しても失敗しても，子どものがんばりを認め，しっかりほめる。

⑤ 学校で出会ったときに，再度そのときのがんばりをほめると効果的。

つなげる教師の次の一手

　休日の時間は取られますが，子どもとの距離がグッと近くなります。教師は子どもとつながるための努力を怠ってはいけません。

　②で担任が行くと困る事情がありそうなときや，本当に嫌がっている雰囲気を感じたら，行くのをやめましょう。

　簡単な差し入れを持って行くと，さらに感謝されます。

（原）

③ バウンドほめ言葉

子どもたちは先生にほめられるとうれしいもの。他の人から「担任の先生が△△って言っていらしたよ」とほめ言葉を聞くと、さらに子どもたちの心に強く響きます。

① 専科の先生に「○○くんががんばっているので、先生からもほめてやってください」とお願いする。

② 専科の先生にさりげなく「担任の先生からも『6年生になって○○くんはすごく成長した。姿勢一つとっても5年生のときとは全然違う』って聞いていたけど、○○くん、6年生になって姿勢がすごく良くなったね！」と言ってもらう。

それを聞いた子は、ものすごくうれしくなる。

③ 子どもたちから聞かれない限り、あえて担任からはそのことに触れない。聞かれても「内緒だって言ったんだけどなあ」などととぼけると吉。

つなげる教師の次の一手

他の方にほめられていたことを子どもたちに伝えるのも有効です。

たとえば、「校長先生が6年5組の掃除はすごい！　って驚かれていたよ」「地域の方が○○くんはよくあいさつしてくれるって、感心されていたよ」など。

（梶川）

④ チャイムピッタリで授業を終わる

　終了チャイムと同時に「授業を終わります」と言います。子ども
たちから「おー！」「すげー！　時間ピッタリ」という驚きの声が上
がります。

すすめ方

① 　教師は朝のうちに「チャイムがなる秒針の位置」を確認しておく。
② 　授業が終わりに近づいてきたら，時計を意識する。
③ 　「ここでチャイムが鳴るな」という時刻になったら，素早く「授業を
　 終わります」と宣言する。
④ 　教師の宣言と同時にチャイムが鳴る。子どもたちは驚いて「おー！」
　 「すげー！　時間ピッタリ」と歓声を上げる。

つなげる教師の次の一手

　毎時間「ピッタリ」は難しいでしょうが，授業の終了時刻は必ず守り
ましょう。できれば，１～２分前に終わるのがベスト。子どもたちに信
頼されます。

　子どもたちは授業時間を勝手に延ばす教師が嫌いです。また，時間を
延ばして授業をしても，聞いていません。

　もちろん，授業の開始時刻も必ず守ることが大切です。

　学級開きで「時間を大切にする」ことを子どもたちに伝えましょう。
そして，教師が授業の開始時刻，終了時刻を守ることでお手本になりま
しょう。

（髙橋直）

⑤ 先生と勝負！

　給食の準備などで，子どもたちと教師の速さ勝負をします。教師が勝つことで「この先生，すごい！」と思わせることができます。

すすめ方

① 　教師は「先生とみんなで給食を盛りつけて配る勝負をします。5人分で勝負です」と言う。

② 　まずは，教師が挑戦する。ストップウォッチで時間を計る。記録は黒板に書く。

③ 　教師は「この先生の記録に挑戦する人はいますか？」と言い，チャレンジャーを募る。

④ 　チャレンジャーが次々と挑戦する。しかし，教師の記録にかなう子はいない。

⑤ 　子どもたちは「先生，すごい！」と尊敬する。

つなげる教師の次の一手

　この他，掃除，着替え，ランドセルの片づけなど，年度当初に速さを定着させたいものがオススメです。

　万が一子どもが勝ったら，「こんなに速くできるなんて，すごい！」と思いっきりほめましょう。そして，その子をみんなのお手本にします。

（藤原）

6 自習監督で担任の先生の良さを伝える

　他のクラスの自習監督をするとき，最後5分間で担任の先生の良さを伝える話をします。他の先生からほめられることで，子どもたちの担任を見る目が変わります。

すすめ方

① 子どもたちへの指導の様子や職員室での雑談から，他の先生の良いところをたくさん見つけておく。

② 他のクラスの自習監督をしたとき，最後の5分間で子どもたちに次のような話をする。

　「○○先生（そのクラスの担任の先生）はね，職員室でみんなの話をたくさんしてくれるんだよ。君たちのことを自慢に思ってくださっていて，そのときはすごく嬉しそうに話してくれるんだ。授業も楽しいでしょ。みんなのために何度も教科書を読んだり，いろいろな本を読んだりして勉強してくださっているからね」

③ 帰りの会に入ったときには，最後に次のように言う。「○○先生，今日は一日出張でいなかったよね。みんなで黒板に『おかえりなさい』のメッセージを書いてみない？　○○先生，サプライズにすごく喜んでくださると思うよ」子どもたちは大喜びで黒板にメッセージを書く。

つなげる教師の次の一手

　特に，初任者研修で一日出張する新任教師の教室で行うとよいでしょう。新任教師が子どもの信頼を勝ち得るための強力な援護射撃になります。

（楠本）

⑦ ミスターＸより

　１週間に一度，ミスターＸから子どもたちの良さを伝えるメッセージが届きます。ミスターＸは担任の先生ですが，絶対に秘密です。

　子どもたちもだまされた振りをしながら，メッセージを楽しみにします。そして，自分を認めてくれる先生を信頼します。

すすめ方

① 　教師は１週間の学校生活の中で，子どもたちの良かったところをメモしておく。

② 　週末にメモを見ながら，カードに一人ひとりへのメッセージを書く。そして，文末に「ミスターＸより」と書く。全員分でなくてよい。１回に５人程度。無理のない範囲にする。

③ 　教師は月曜日の朝，子どもたちがいないときに，教室の目立つ場所にカードを置く。そして，朝の会で，教師は「あっ！　カードが届いてる。さては，ミスターＸの仕業だな」と叫ぶ。そして，カードを配る。

④ 　毎週月曜日，子どもたちは誰にカードが届いているか，ものすごく楽しみにするようになる。

⑤ 　子どもたちは「ミスターＸって，先生でしょ」と言ってくる。しかし，絶対に認めない。それが子どもたちとの会話につながる。

つなげる教師の次の一手

　子どもたちの引き出しにメッセージを入れておいてもよいでしょう。面と向かってほめられるのは苦手という子にも有効です。　　（髙橋健）

8 学級通信で誕生日を祝おう

　学級通信で子どもの誕生日をお祝いします。誕生日を大々的に祝ってくれることに感激し，子どもたちは「この先生にならついていこう」と思います。

すすめ方

① 教師は子どもたちの誕生日をあらかじめ把握しておく。

② 子どもの誕生日には学級通信でお祝いする。記事の内容は，誕生石，同じ誕生日の有名人，その日に起きた出来事，誕生日の子の笑顔の写真などにする。

③ 誕生日の子どもには，カラー版を用意する。裏面には「誕生日事典」を印刷する。

④ 学級通信は必ず読み聞かせし，クラスみんなでお祝いする。

つなげる教師の次の一手

　いろんな種類の「誕生日事典」があります。本屋やアマゾンなどでお気に入りの「誕生日事典」を入手してください。値段も 1000 円から 3000 円程度といろいろです。

　お互いの誕生日を知り，お祝いすることで，子どもたち同士も「つなげる」ことができます。

（院内）

⑨ 手のツボマッサージ

　心と体は深く影響しています。不安や心配事があるだけで，本当に体調が悪くなることも。第２の脳とも言われる手をマッサージして，子どもたちの不安や心配事を取り除いてあげましょう。

すすめ方

① 　教師は調子が悪そうな子に「顔色良くないけど，大丈夫？　何かあった？」と声をかける。
② 　話を聞いた後，教師は「そういうときにはここを押すといいよ」と自分の手のツボを押してみせる。
③ 　調子の悪い子に「押してあげようか？」と聞く。うなずいたら，その子の手を取り，手のひらをもみほぐす。
④ 　話を聞いてもらったことと，手のツボマッサージで，子どもたちは少し気が楽になる。そして，気を楽にしてくれた先生を信頼する。

つなげる教師の次の一手

　手のツボには，次のようなものがあります。
・目：人差し指と中指の付け根。
・肩：小指付け根外側。
・頸椎：親指第二関節外側。
・腸：手のひら，中心下側。
　正確でなくていいので，相手の反応を見ながら少し傷むところを優しく刺激してあげましょう。

（梶川）

10 入試前に使い捨てカイロの プレゼント&メッセージ

　受験を控えた子どもに使い捨てカイロを渡します。お守りの代わりです。「緊張が少しとれました」「先生の気持ちがうれしい」と子どもたちが言ってくれます。

すすめ方

① 　教師は受験する子の数だけ使い捨てカイロを購入する。
② 　「大丈夫！　君ならできる」「先生がついているから，安心するのだ！」など担任からの応援メッセージを小さな紙に書く。そして，使い捨てカイロの袋に貼る。
③ 　受験の前日，その子を呼ぶ。そして，「明日，がんばれよ」と一言だけ言い，使い捨てカイロを渡す。
④ 　1人ずつコソッと呼んで手渡すのがコツ。子どもたちは感激する。

つなげる教師の次の一手

　保護者向けの一言も加えると喜ばれます。

（髙橋直）

⑪ キーパーソンを捜せ！

子どもには好きな先生がいるものです。それが担任ならベストなのですが，そうではない場合もあります。好きな先生は，その子に影響力のあるキーパーソンになります。キーパーソンを通して，その子とつながりましょう。

すすめ方

① 担任との関係が思うようにいかない子がいたとき。その子が好きだと思っている先生（キーパーソン）を捜す。前担任，養護教諭，専科などいろいろな先生が考えられる。

② 担任は，キーパーソンに相談する。そして，その子のことをいろいろ聞く機会を時々設けてもらう。

③ キーパーソンから聞いたその子の良いところを本人に伝える。「○○先生が△△さんのことをほめていらっしゃったよ」と伝えられると，その子はうれしくなる。そして，担任のことも少し好きになる。

④ 逆にキーパーソンに「担任の先生が△△さんのことをほめていらっしゃったよ」と伝えてもらうのもよい。その子もキーパーソンの言葉は素直に聞く。

つなげる教師の次の一手

子どもも教師も人間です。どうしても相性があります。担任だけで無理に子どもとつながろうとせず，いろんな人に頼りましょう。

自分がキーパーソンになれるときも，もちろん協力しましょう。

(武部)

⑫ 権威を使って権威をあげる

「何を言うか」ではなくて「誰が言うか」が大切です。校長や教頭に担任と同じことを言ってもらいましょう。子どもたちは「担任の先生が言っていることは正しいんだ」と思うようになります。

すすめ方

① 年度当初，下駄箱にかかとを揃えて靴を入れるように指導する。また，落ち着いて生活するためには，靴をきちんと入れることが大切だと伝える。生活が乱れている人は，これができないことも伝える。

② 納得していない子がいるなと思っても，譲らない。靴のかかとを揃えて入れることは徹底して指導する。

③ 後日，校長先生か教頭先生にお願いして，次のような話をしてもらう。「〇年〇組の下駄箱が一番揃っていました。下駄箱を見れば，そのクラスの状態が分かるからね。きちんとかかとが揃っているクラスは落ち着いている。生活が乱れているクラスは，これができない。〇年〇組は素晴らしいクラスになりそうですね」たまたま教室の前を通りかかったという設定にしてもらうとよい。

④ 校長先生の言葉を聞いて，子どもたちは「校長先生が担任の先生と同じことを言っている。担任の先生は正しいんだ」と思う。

つなげる教師の次の一手

何度も権威を借りると権威は下がります。「ここぞ！」というときだけに限定して使いましょう。

（髙橋直）

13 目線と距離で 子どもの感じ方を調節する

　指導場面に合わせて，教師の目線の高さ，子どもとの距離を変えます。教師の目線の高い低い，距離の近い遠いで，子どもたちが受ける感じが変わってきます。

すすめ方

① 　厳しく指導するとき，最初は子どもを教師の机の前に呼び，イスに座らせて話す。教師の目線は子どもとだいたい同じ高さにする。

② 　それでも指導が通らなければ，子どもを教師の前に立たせる。教師はイスに座ったまま指導する。

③ 　次は，教師は立ち上がり，子どもを上から見下ろして指導する。

④ 　さらに教師は体がつくかつかないかの距離まで迫り，子どもに真上を向かせる。教師は上から厳しく指導する。

つなげる教師の次の一手

　教師と子どもの位置関係は，正対する，子どもの斜め前に立つ，横に立つなど，方向を考えることも大切です。

　子どもの相談を1対1で受けるときには，向かいあうのではなく，隣に座らせるとよいでしょう。

　共感するときには，教師は子どもの目線の高さより下までおります。

（髙橋直）

第4章
子どもと子どもを「つなげる」①
―仲良くなるネタ―

　　今どきの子どもたちは，同じクラスになっただ
　けでは「仲間」だとは思いません。
　　教師が意識して，子どもたち同士をつなげ，た
　だの集まり（群れ）を集団にする必要があります。
　　本章では，子どもたち同士を「つなげる」ネタ
　を紹介します。

① 集中力パワー!?

信じられないかも知れませんが，必ず成功します。すべり知らずの鉄板ネタです。

重くて上がらなかったはずの体が，驚くほどスウッと宙に浮きます。心を揃えて集中すると人間は驚くべきパワーを炸裂させるのです。心を揃えることの大切さを実感できます。

すすめ方

① 5人を選んで教室の前に出す。1人を児童用イスに浅く腰かけさせる。他の4人は両手を合わせて握り，人差し指だけ揃えて伸ばす。

② 4人は座っている子の両脇に1人ずつ，ひざ裏に1人ずつ，人差し指をさして入れる。そして，教師の「セーノ」の合図で体を持ち上げようとする。しかし，持ち上がらない。

③ 教師は「心がバラバラだから，無理だね。みんなで心を揃えて集中して，もう一度やってみよう」と言う。

④ 4人は座っている人の頭の上に少し間を開けながら右手を順番に乗せていく。次は左手を順番に乗せていく。そして，全員で声を揃えてゆっくりと10数える。

⑤ 10数え終わったら②と同じようにして，4人で座っている子の体を持ち上げる。すると，驚くほどスウッと体が持ち上がる。見ていた他の子たちは驚く。

つなげる教師の次の一手

　5人がみんなの前でやってくれた後は，クラス全員が男女別の5人組に分かれて，①〜⑤をやってみます。⑤で体が持ち上がったとき，驚きの声がクラスに響きます。

（梶川）

② 小指の円陣

　子どもたち同士の小指をつないで円陣をつくるネタです。運動会や学習発表会など大きな行事に向かう前に行います。すると，子どもたちを落ち着かせ，クラスを一つにすることができます。

すすめ方

① 　クラス全員が両手の小指同士をつないで，円をつくる。

② 　教師がリーダーの子を１人決め，みんなに伝える。

③ 　リーダーは，左右どちらかの小指を強く握ることで信号を送る。

④ 　信号が送られてきたら自分の隣の人へ信号を送る。隣の人，隣の人とどんどん信号を送っていく。

⑤ 　一周してリーダーに戻ってきたら，リーダーは「いくぞ！」とかけ声をかける。クラス全員で「おー！！」と叫び，小指をつないだまま両手を挙げる。そして，手を離し，行事へ向かう。

つなげる教師の次の一手

　普通に手を握るよりも小指の方が握る面積が少ないです。そのため，緊張感が増し，円陣がより特別なものに感じられます。

　③の前に，教師が「信号が途切れずにきちんと一周回ったら，みんなの気持ちが一つになっている証拠だよ」と言うと，子どもたちの真剣さが増します。

（藤原）

3 物を取りに来る人を決めるだけでも 「つなげる」ことはできる

　教師が「班で誕生日が一番早い人がプリントを取りに来てください」と指示します。すると，子どもたちは班のメンバーで誕生日を教え合います。

───────────── すすめ方 ─────────────

① 　班ごとにプリントを取りに来るとき，教師は「班で4月から数えて誕生日が一番早い人が取りに来てください。一番早く取りに来た班が優勝です」と言う。

② 　子どもたちは班で誕生日を教え合う。そして，誰が一番早いか相談し，その子がプリントを取りに行く。

③ 　教師はクラスみんなの前で，一番早く取りに来た班のメンバーの誕生日を確認する。見事に誕生日の一番早い子が取りに来ていれば，大成功。クラス全員でその班に優勝の拍手を贈る。

▌つなげる教師の次の一手

　「班の中で2番目に背が高い人が取りに来てください」という指示も面白いです。子どもたちは背中を合わせて身長を確認します。

　他にも
・「名字を漢字で書いたとき，一番画数の少ない人」
・「学校から家までが一番遠い人」
・「一緒に住んでいる家族が一番多い人」
・「ジャンケンして一番勝った人」
など，いろいろな指示で楽しめます。

（楠本）

④ 他のクラスに勝負を挑む

　クラスで力を入れて取り組んでいる「校歌」「長縄跳び」などで，他のクラスに勝負を挑みます。子どもたちは団結し，他のクラスに勝とうとがんばって練習します。

すすめ方

① 　たとえば，クラスで「校歌」の練習に力を入れているとき。同学年の先生などにクラス対抗の勝負をお願いする。

② 　OK をもらったら，そのクラスと校歌勝負をすることを子どもたちに告げる。そして，挑戦状を書かせる。

③ 　クラスの代表者は勝負を挑むクラスの帰りの会にお邪魔する。そして，挑戦状を読み上げる。もちろん，このことも担任に許可を取っておく。

④ 　子どもたちは，勝負に向けて，一生懸命練習する。

⑤ 　勝負は，校長先生，音楽専科の先生などに審査してもらう。勝っても負けても次につながるように，担任はしっかりフォローする。

つなげる教師の次の一手

　合唱，運動会の応援合戦など，子どもたちに一生懸命練習させたいときに有効です。

　もちろん，スポーツも盛り上がります。長縄跳び，バスケットボール，サッカーなど，子どもたちは昼休みにクラスで集まってがんばって練習します。

（髙橋直）

⑤ 誕生日ワッペン

　誕生日の子は，その日1日，誕生日ワッペンを付けて過ごします。子どもたちは誕生日ワッペンを付けた子を見つけると，「誕生日おめでとう！」と声をかけます。

すすめ方

① 教師は，クラスの子どもの数だけ誕生日ワッペンを用意する。
② 子どもの誕生日には，教師はワッペンにメッセージを書いて，その子に渡す。
③ 誕生日の子は，誕生日ワッペンを付けて1日を過ごす。
④ 子どもたちは，誕生日ワッペンを付けている子を見つけたら，「誕生日おめでとう！」と声をかける。

つなげる教師の次の一手

　誕生日ワッペンは，テーマパークに学んだ手法です。たとえば，ディズニーランドでは，誕生日シールがもらえます。

　学年や学校全体で取り組むと，さらに楽しいです。誕生日の子は他のクラスのいろいろな友達や先生方から「おめでとう」と声をかけてもらえます。

（楠本）

6 「班」ではなく「チーム」と呼ぶ

「班」ではなく「チーム」と呼びましょう。呼び方を変えるだけですが，席替えしたくない子がでるほど子どもたちを「つなげる」ことができます。

すすめ方

①　席替えをした後，教師は「これからは『班』ではなく『チーム』と呼びます」と宣言する。

②　さらに「今日から2ヵ月間，このチームのメンバーで協力して成長していきましょう。2ヵ月後，『このチームと別れたくないな』と思えたらいいチームになった証拠です。がんばりましょう」と説明する。

③　チームに1枚8つ切り画用紙を配る。子どもたちはチームで相談してチームの名前，メンバー，目標を書く。画用紙は掲示しておく。

④　授業準備や提出物確認，給食準備など，チームで協力できる場面をいろいろつくる。

⑤　それぞれの場面の後には必ず「ふり返り」をさせる。やらせたままにしない。各チームで良かった点，改善すべき点を話し合わせる。

つなげる教師の次の一手

席替えは，初めは教師が決めた方がよいでしょう。リーダーになれそうな子をバランス良く配置するなど，教師の配慮が必要です。学級が育ってきたら，くじ引きなどで席替えを行っても大丈夫です。

チームのがんばりをシールなどで可視化するのもオススメです。

（川本）

7 変な一人称自己紹介

　新年度最初に自己紹介をするとき。「ぼく」「わたし」の代わりに
「わし」「まろ」などの変な一人称を使って自己紹介させましょう。
　教室の雰囲気が一気に和み，友達との距離も近づきます。

すすめ方

① 　教師は「わたくし」「おら」「おいら」「わし」「おいどん」「まろ」「小
　生」など，変な一人称を書いたカードを用意しておく。
② 　子どもたちは自己紹介する前に，カードを引く。
③ 　カードに書かれている一人称を使って自己紹介する。「おらの名前
　は，島田幸夫だ。好きな食べ物は，ラーメンだぞ。よろしくお願いす
　るのだ」など。
④ 　自己紹介の後は，必ずクラスみんなで大きな拍手を贈る。

つなげる教師の次の一手

　いきなり子どもたちにさせるのは難しいです。はじめは担任がやって
みせます。そして，次に，やんちゃな男子にフリます。このようにして
教室の空気を温めてから全員の自己紹介に移るとよいでしょう。
　自己紹介は簡単なもので OK です。
　「名前＋好きな○○（教科，テレビ番組など）＋よろしくお願いします」
などの話型を黒板に書いておきましょう。
　一人称に合わせて語尾も指定すると，さらに話しやすくなります。「わ
たくしは～でございます」「まろは～でおじゃる」など。

（島田）

⑧ 「つなげる」話型を教える

　「○○さんに賛成です。〜」などの話型を教えましょう。話型を使って発言することで，子どもたち同士の意見がつながっていきます。

① 教師は子どもたちに「僕は○○さんに賛成です。〜」「○○さんに付け足しで〜」「○○さんと少し違って〜」などの話型を教える。
② それらの話型は，教室に掲示しておく。
③ 話型を使って，いくつ発言がつなげられるか，簡単なゲームをする。話型を使った発言のみOK。話型を使わない発言が出たらアウト。何人意見を続けられるか，記録に挑戦する。

つなげる教師の次の一手

　意見のつながりを板書で視覚化すると効果的です。意見と意見の間に握手をしているカードを貼って，つながりが見えるようにしましょう。
　「いくつ握手のカードを貼ることができたか？」ふり返らせるとよいでしょう。

(楠本)

⑨ 「合法的」交換日記

交換日記は楽しいものです。子どもたち同士を「つなげる」有効なアイテムの１つでしょう。しかし，悪口や仲間外れの温床になってしまうため，禁止にすることが多いです。そこで，教師にも保護者にも公開することで，交換日記を「合法」にしちゃいましょう。

すすめ方

① 生活班（４人）に１冊ノートを用意し，回す順番を決める。
② 書く内容は，何でもよい。ただし，悪口や嫌な事は絶対に書かないように指導しておく。
③ 教師は各班のノートを定期的に読む。そして，コメントを書き，交換日記に参加する。また，保護者にも，ノートを見てもらうようにお願いしておく。誰に見られてもよい内容を書くことを徹底する。
④ 面白い話題は読み聞かせたり学級通信に載せたりして，クラスみんなで共有していく。

⑤ 班が変わった時は前の班のノートを使う。子どもたちは，以前の友達や教師とのやりとりを興味深く読む。

つなげる教師の次の一手

週ごとに「趣味」「好きなテレビ番組」「好きなマンガ」などテーマを設定すると書きやすいです。

（梶川）

全力ジャンケン＆ハイテンションコール

　全力で大きな声を出し，ジャンケンします。そして，クラスのお約束のハイテンションコールを全力の大きな声でします。全力で声を出し合うことでクラスに一体感が生まれます。

すすめ方

① 　教師が「全力ジャンケン！」とかけ声をかける。子どもたちは「イエーイ！」と声を揃えて，元気よく答える。

② 　教師の「せーの」の合図で，子どもたちは全力ジャンケンをする。大きな声で「最初はグー，ジャンケンポン」と揃えて言う。ジャンケンを出す動きも大きく全力である。

③ 　ジャンケンで勝っても，負けても，あいこでも，子どもたちは思いっきり喜びを表現する。

④ 　教師が「○年○組！」とかけ声をかける。子どもたちは「チャチャ，チャチャチャ，チャチャチャチャ，レッツゴー」を２回くり返す。「チャ」は，手拍子。

⑤ 　最後に全員で「ファイトー！　いっぱーつ！」と叫び，ハイテンションコールで締める。

つなげる教師の次の一手

　クラスのお約束のコールをつくると，様々な場面で利用できます。

　どんより重たい空気の月曜朝にもオススメです。子どもたちが一気に元気になります。

（神山）

11 寄せ書き風学級通信

　運動会や学習発表会の前，その行事にかける意気込みをクラスみんなで寄せ書きします。そして，それをそのまま学級通信に載せます。大きな行事の前にクラスの団結を強めることができます。

すすめ方

① 運動会の前，教師はタイトル，号数，発行日だけを書いた学級通信を用意する。

② 真ん中に太字で「運動会に向けて」と書く。また，担任からの一言を書く。

③ 教師は，クラス全員に運動会にかける意気込みを一言と名前を寄せ書きするように言う。「13時まで」など期限を明示するとよい。

④ 全員が書き終わったら，誤字脱字を確認する。そして，印刷して配る。

つなげる教師の次の一手

　ほとんど教師の手をかけずに学級通信ができあがります。しかも，クラスをまとめる効果は絶大です。

　手書きの学級通信も味があって良いものです。子どもたちは友達が書いた文字を食い入るように読みます。

　クラスのまとまりが目に見える形になります。この通信を読んで，保護者も行事を楽しみにしてください。

（楠本）

12 みんなが絶対に嫌な思いをしない方法

自分たちでトラブルを解決するように促すネタです。

► すすめ方 ◄

① 子どもから友達の苦情がたくさん出るようになったら，時間を取る。そして教師は「みんなから，友達についていろいろ話を聞きました。友達のことで嫌な思いをしている人も多いですね」と話を切り出す。

② さらに教師は「先生はみんなが絶対に嫌な思いをしない方法を知っています。知りたいですか？」と聞く。子どもたちは，うなずく。

③ 「友達に話したいことがあるときは，紙に書きます。それを先生に見せて，『いいですよ』と言われたら，友達に伝えます。友達が返事をするときにも同じように書き，先生に見せます。『いいですよ』と言われたら，伝えます。これをずっと続けます。どうですか？　これなら絶対に嫌な思いはしないと思いますよ」と言う。

④ 子どもたちにこの方法が良いと思うか確認する。子どもたちは「良い方法だとは思わない」と言う。教師も「誰も嫌な思いはしない方法だけど，良い方法ではないと思う」と伝える。

⑤ そして，「大人とずっと一緒にはいられません。自分たちで嫌な思いをしない方法を考えていけるとよいですね」と話す。

つなげる教師の次の一手

教師は学級の問題を解決しなければなりません。と同時に自分たちでトラブルを解決する子どもを育てなくてはならないのです。

(武部)

第5章
子どもと子どもを「つなげる」②
―良さを認め合うネタ―

友達に認められれば，嬉しいもの。

子どもたちは，自分を認めてくれる友達が大好きになります。

教師は意識して，子どもたち同士が認め合う場面をつくりましょう。

そのためには，本章で紹介しているネタが有効です。

① 自分の特技で10分間限定授業

　子どもが先生役になって，自分の得意なことや好きなことをテーマに10分間の授業をします。友達の特技を知り，「すごい！」と認め合う機会になります。

すすめ方

① 　自分の特技や好きなことをテーマに授業したい人を募集する。けん玉を上手にする方法，手品のやり方，ポケモンについて，サンフレッチェ広島について，昆虫についてなど，テーマは何でもOK。

② 　教師は授業をする日を決めて，あらかじめ先生役の子に伝えておく。先生役の子は，その日までに授業の準備をしておく。

③ 　先生役の子は決められた日に10分間の授業をする。10分間はキッチンタイマーで計り，厳守させる。教師も子ども役になって，一緒に授業を受ける。

④ 　授業終了後，先生役の子にクラス全員で大きな拍手を贈る。

つなげる教師の次の一手

　余裕があれば授業後に，感想を書かせたり，言い合ったりさせるとよいでしょう。

　子どもは教師の普段の授業スタイルを参考に，授業を組み立てるものです。これを機会に自分の授業を見直しましょう。

　普段の授業での教師の苦労も感じさせることができます。

（藤原）

② CM タイム

　子どもたちは友達の土日の活躍を知らないものです。帰りの会に「CM タイム」を設けることで，友達の意外な活躍を知ることができます。

すすめ方
---

① 　金曜日と月曜日の帰りの会に「CM タイム」のコーナーをつくる。

② 　金曜日の「CM タイム」で，子どもたちは土日にある試合や発表会のアピールをする。

③ 　教師はマイク（おもちゃや壊れている物でよい）でインタビューする。試合にかける意気込みや目標を聞き出す。

④ 　月曜日の帰りの会の「CM タイム」で，子どもたちは，試合の結果や発表会の様子を紹介する。

⑤ 　教師はインタビューして，感想などを聞き出す。

■ つなげる教師の次の一手

　「CM タイム」の様子を学級通信で紹介すると，効果抜群です。

　試合や発表会に教師も応援に出かけましょう。子どもとのつながりが深くなるのはもちろん，保護者の方とも仲良くなれます。　　　　（神山）

3 教師がほめるのを我慢して 子どもに言わせる

　いつも教師がほめるのではなく，子どもたち同士がほめ合うように仕向けましょう。子どもたちは友達にほめられると，その子のことがものすごく好きになります。

すすめ方

① 　たとえば，Aくんがみんなが提出したノートの乱れを揃えていて，それをBくんが見ていたとき。教師はAくんをほめたいが，グッと我慢する。

② 　教師はクラスみんなの前で「Bくん，さっきすごいことをしていた人がいたけど，誰か知ってる？」と聞く。

③ 　Bくんは「Aくんが乱れていたノートを揃えてくれていました。それがすごいと思いました」と言う。

④ 　教師は「Aくん，すごいね！　みんなのために進んで働いてくれてありがとう。Bくんも，すごい！　友達の良さに気づけているね。教えてくれてありがとう」と2人をほめる。

⑤ 　AくんとBくんは，お互いに顔を見合わせて，笑顔になる。

つなげる教師の次の一手

　すれ違い気味だなと感じる子どもたち同士をつなげる一手になります。
　高学年の女子同士など，全体の場でほめてもよい人間関係かどうか？という配慮が必要です。

（友田）

④ 「キラキラカード」をこそっと郵便

　友達の言動を素晴らしいと思っても，面と向かってはなかなか伝えられないもの。「キラキラカード」で伝えやすい仕組みをつくりましょう。

すすめ方

① 　教師は名刺サイズの「キラキラカード」を100枚程度用意し，教室の後ろに置く。また，その隣に「学級ボックス」の箱を置く。

② 　「友達の言動で素晴らしいと感じたことを『キラキラカード』に書いて，『学級ボックス』に入れてね」と教師は説明する。

③ 　子どもたちは，「キラキラカード」の書き方を練習する。「○○くんへ。今日，休み時間に誘ってくれてありがとう。××より」「○○さんへ。算数の問題の解き方を教えてくれて助かったよ。××より」など。当たり前だが悪いことは書かない。また，誰が書いたのか明記させる。

④ 　子どもたちは友達の良い言動を見つけ，「キラキラカード」に書く。そして，「学級ボックス」に入れる。

⑤ 　教師は「学級ボックス」から「キラキラカード」を集める。そして，こそっと連絡帳や自主学習ノートに挟む。見つけた子どもは大喜び。

つなげる教師の次の一手

　「学級ボックス」は，郵便ポストのようにするとよいでしょう。ダンボールに色紙を貼って，つくってください。

　連絡帳に挟むと保護者の目につきやすくなります。

（神山）

⑤ クラスの自慢通帳

　クラスの自慢できるところをカードに書いて掲示します。すると，自分たちのクラスの良いところをいつでも確認できます。また，カードがどんどん増えていくと，クラスに誇りを持てます。

すすめ方

①　教師は「自分たちのクラスの自慢できるところを3つ書きましょう」と言う。子どもたちはノートに書く。

②　子どもたちは書いた自慢を発表する。教師は同じことを書いている人数を挙手で確認する。

③　クラスの過半数が書いていた自慢は，長方形に切った画用紙に横書きで書く。そして，教室内に掲示する。

④　1ヵ月ごとに①〜③をくり返す。ただし，すでに自慢として掲示されていることは書かない。

⑤　新しく認定された自慢は，前回掲示しているものの上に貼っていく。すると，クラスの自慢がどんどん積み重なっていく。

つなげる教師の次の一手

　子どもたちは自分たちが自慢だと思っていることをがんばるものです。たとえば，「掃除が上手」が自慢として掲示してあれば，その気になって掃除をがんばります。

（藤原）

70

⑥ ほめほめギャラリーウォーク

　図工の作品をつくっているときなど，友達と作品を見せ合う時間を取りましょう。お互いの作品をほめながら，子どもたちは友達の良いところを学び，自分の作品に活かします。

すすめ方

①　図工の作品をつくっているとき。教師は「作業中止。手を置きます」と言い，子どもたちに教師の方を向かせる。

②　「今から友達の作品を黙って見て歩きます。良いところを見つけてください。後で発表してもらいます。時間は3分間です」と言う。

③　子どもたちは3分間，教室をぐるぐると歩き，友達の作品を見る。

④　子どもたちは友達の作品の良いところを発表する。そのとき，教師はその子の絵をみんなに見せる。子どもたちはその子の絵を見ながら，その作品の良いところを聞く。

⑤　発表した子，ほめられた子にクラスみんなで拍手を贈る。ほめられた子は，特にうれしそうにする。

つなげる教師の次の一手

　図工だけに限りません。社会のまとめで新聞をつくっているとき，国語で作文を書いているときなどいろいろな場面で使えるネタです。

　授業の最後に友達のノートを見て回らせるのも子どもたちの勉強になります。

(梶川)

7 みんなで楽しむ 「お手軽」ミニテスト

　自分がつくったテストを友達に解いてもらいます。学力を UP さ
せながら，人間関係をつくることができます。教師は白い紙を用意
するだけ。いつでも手軽に実施できます。

すすめ方

① 　教師は B5 の紙を 1 人に 1 枚配る。子どもたちは，紙の一番上に「○
　　○○○テスト」と書く。「○○○○」は自分の名前。
　（例）「楠本輝之テスト」
② 　「○○○○テスト」の下に「名前（　　　　）」と解答者が名前を書
　　く欄をつくる。その下に漢字ドリルや計算ドリルを見ながら，5 問問
　　題をつくる。
③ 　教師は紙を集め，シャッフルして配る。子どもたちはその問題に挑
　　戦する。やってみた感想も裏に書く。
④ 　テストをつくった人の所に持って行って，採点してもらう。テスト
　　をつくった人は採点が終わったら，コメントを書く。「全問正解，天
　　才！」「惜しい！　後1問。でも，すごい」など。悪いコメントは書か
　　ない。
⑤ 　裏に書いてあるコメントを見て，一言返事を書く。そして，採点し
　　たテストを返してあげる。

つなげる教師の次の一手

　採点し終わったテストは集めて読んでみましょう。コメントから子ど
も同士の人間関係が分かります。

（楠本）

8 お悩み相談室 ―ズバリ言うわよ―

　人は誰でも悩むことがあります。その悩みをみんなが真剣に考えてくれたら，とてもうれしいもの。子どもたちは，自分の悩みにアドバイスをしてくれた友達のことを信頼するようになります。

すすめ方

① 「お悩み」を常時募集する。悩みがある子は，紙に名前（ペンネームも可）とその内容を書いて，「お悩み相談ボックス」へ入れる。

② 教師は「お悩み」を１つ選んで朝の会で紹介する。そして，帰りの会までにアドバイスを考えておくように伝える。

③ 帰りの会で，教師はもう一度「お悩み」を紹介する。そして，班ごとにアドバイスをまとめる時間を設ける。

④ 各班１つずつアドバイスを発表させ，学級のベストアンサーをみんなで選ぶ。

⑤ ベストアンサーを考えた班に大きな拍手を贈る。

つなげる教師の次の一手

　真剣な悩みに対して，ふざけたアドバイスは厳禁です。事前によく指導しておきましょう。

　悩みを友達に相談することや，友達の悩みを真剣に考えることの大切さをくり返し伝え，クラスで共有しましょう。

（島田）

9 日直日誌大作戦

日直日誌にいろいろなコーナーを設けましょう。

一工夫することで，お互いの良さを認め合う日直日誌に生まれ変わります。また自由に見ることができるようにすれば，会話も弾みます。

すすめ方

① 日直日誌に次のようなコーナーをつくる。
- 「ベスト・オブ・ベスト」友達の素晴らしい行動を書く。
- 「今日のピカイチ出来事」印象に残っている学級の出来事を書く。
- 「NEXT」次の日直の子へのメッセージを書く。

② 日直は日直日誌を書き，担任に提出する。

③ 教師は内容を確認し，コメントを書いて，次の日直に渡す。

④ 日直日誌は自由に見ることができるルールにする。子どもたちは自分のことが書かれていないか楽しみに見る。

つなげる教師の次の一手

逆に日直しか見ることができないルールも面白いです。子どもたちは日直日誌が見たくて，日直になるのを楽しみにします。

教師が書くコーナーをつくってもよいでしょう。

(例)「今日の神山 Eyes」担任から見た日直の素晴らしい行動を書く。

「もしも，○○だったら」など，子どもたちからテーマを募っても盛り上がります。

（神山）

⑩ いいところメッセージ

　毎日，学級の誰か1人から，自分の良いところが書かれたメッセージが届きます。子どもたちはほめられることが大好き。自分の良さを見つけてくれる友達のことが大好きになります。

すすめ方

① 　朝来たら子どもたちは1枚紙（B6）を取る。そして，その紙に名前を書き，教室前にある箱に入れる。

② 　朝の会で教師は，箱に入っている紙をシャッフルして1人に1枚配る。誰の名前が書いてある紙が当たったかは内緒。

③ 　子どもたちは，書いてある名前の子を1日観察する。そして，帰りの会までに，見つけた良いところを1つ書く。

④ 　どの場面でどんなことを言った（やった）のが良かったのか？　具体的に書かせるのがコツ。「2時間目の算数の時間，かけ算の小数点の移動の説明が分かりやすかったよ」「20分休みに，森川さんが落とした筆箱を拾ってあげていたね。優しいね」など。

⑤ 　帰りの会で，子どもたち同士がその紙を渡し合う。

つなげる教師の次の一手

　時間をかけずに取り組めるシステムです。また，誰のカードを引くかドキドキしながら取り組めるので，飽きることもありません。

　担任も参加しましょう。担任の良いところを子どもたちが発見する機会になります。

（髙橋健）

⑪ ポジティブ掲示板

　教室の後ろの黒板を情報交換する掲示板にしましょう。もちろん内容はポジティブなものに限ります。

すすめ方

① 　教師は後ろの黒板にメッセージを書いてよいと宣言する。ただし、内容はポジティブなものに限ることを説明する。

② 　子どもたちは自分のことは白、友達のことは黄、その他のことは赤でメッセージを書く。また、名前も必ず書く。

③ 　書いたメッセージは3日後までに自分で消すことを徹底する。

④ 　後ろの黒板は「今週野球の試合です。応援よろしく！」「奥井くんがトイレのスリッパ揃えてました」などのメッセージでいっぱいになる。

つなげる教師の次の一手

　友達のメッセージにコメントさせるとよいでしょう。（「今週野球の試合です。応援よろしく！」→「応援に行くよ。がんばってね」など）一方通行ではなく、双方向のコミュニケーションになります。　　　（奥井）

⑫ 水拍手

　プールのとき，水面を上から叩いて音を出す水拍手を友達に贈ります。水拍手なら，プールでも大きな音の拍手が響きます。

すすめ方

① 　たとえば，けのびをするとき。教師は「けのびだけで5mの線まで来たら合格です」と言う。

② 　子どもたちはけのびをする。そして，けのびだけで進んだ場所で立つ。

③ 　教師は「5mの線まで来ることができたのは，AくんとBくんです」と言う。

④ 　そして，「合格したAくんとBくんに水拍手〜！」と言う。子どもたちは水面を上から叩いて音を出す。

つなげる教師の次の一手

　プールで普通の拍手をしてもあまり響きません。水拍手をすると，大きな音が出ます。

　水面を上から叩いて音を出すとき，水が散ります。水拍手をした自分の顔に水がかかるので，水慣れもできて一石二鳥です。

（中村）

⑬ ○○くんはエスパーです

「エスパーゲーム」を使った簡単な遊びです。エスパーとキャラづけすることで,「エスパー○○くん」をクラスの人気者にできます。

① 　教師は「『エスパーゲーム』をします。超能力をつかって感じてよ」と言う。そして,クラス全員を起立させる。

② 　教師が10円玉を右手か左手に握って隠す。子どもたちはどちらに入っていると思うか？　手を挙げて,答える。そして,間違えた子から座っていく。最後まで残った子が最も超能力が優れたエスパーである。

③ 　教師は最後まで残った子に「○○くん,先生が考えている3ケタの数字を当ててくれる？」と言う。その子が「728」と言えば,「えっ!?すごっ！　正解！　なんで分かった!?」と言う。その子がどんな数字を言っても,「正解！」と言って驚く。

④ 　「じゃあ,次は先生がお寿司のネタを1つ思い浮かべるから,それを当てて」と言い,その子に答えさせる。その子がどのネタを言っても,教師は「正解！」と言って驚く。教室に笑いが起こる。

⑤ 　教師は「エスパー○○くんに拍手～！」と言う。クラスみんなで盛大な拍手を贈る。

つなげる教師の次の一手

「エスパーゲーム」は,拙著『子どもも先生も思いっきり笑える73のネタ大放出！』（黎明書房）の83頁に紹介しています。

（中村）

第6章
子どもと子どもを「つなげる」③
―ミニゲーム集―

　ゲームは，子どもたちを「つなげる」有効な手段です。

　授業の最初に，合間に，最後に。時間を見つけて，どんどんゲームを楽しんじゃいましょう。

　楽しんでするだけで，子どもたちをどんどん「つなげる」ことができますよ。

　本章では手軽にできるミニゲームを紹介します。

① ジャンケン手たたき

ジャンケンで勝った人が手をたたこうとします。負けた人はたたかれないように逃げます。あいこなのに逃げてしまったり，勝ったのに逃げてしまったりして，笑いが起きます。「たたいて・かぶって・ジャンケンポン」の道具のいらない教室バージョンです。

すすめ方

① 2人組になって左手同士を軽く握り合う。
② 右手でジャンケンをする。勝った人は相手の手を握り，右手でたたこうとする。負けた人は相手につかまれる前に左手を外して逃げる。
③ 1分間で何度もジャンケンする。勝てばつかんでたたく，負ければ逃げるをくり返す。
④ たくさんたたいた方が勝ち。

つなげる教師の次の一手

仲の良いクラス限定です。仲の悪いクラスでやると，人間関係がますます悪くなります。

思いっきりたたくのではなく，優しくたたくように言いましょう。

ピコピコハンマーとヘルメットを用意すれば，本格的な「たたいて・かぶって・ジャンケンポン」もできます。しかし，頭をたたくのは教育的ではないので，注意が必要です。

「1分あればこれだけ楽しめるんだ！」と実感できる遊びです。遊び時間を1分間確保できるように時間を有効に使わせましょう。

（中村）

② ジャンケンカードを多く集めろ！

　カードを使ったジャンケンです。勝てば相手のカードがもらえます。たくさんカードを集めた班が優勝です。

すすめ方

① 　班（4人程度）に12枚のカード（グー4枚，チョキ4枚，パー4枚）を配る。

② 　各班で1人，リーダーを決める。リーダーは司令塔で，カードを管理する役。ジャンケンには参加しない。リーダー以外は，班員。

③ 　「スタート」の合図で班員はリーダーからカードを1枚ずつもらう。そして，出会った相手とカードでジャンケンをする。「ジャンケン，ポン」と言ってカードを出す。勝った人は負けた人からカードをもらえる。あいこの場合は，次の相手を見つけて勝負する。

④ 　勝っても負けても，リーダーの所に戻る。勝った人は2枚のカードをリーダーに渡す。そして，新たに1枚をもらって，ジャンケンをしに行く。負けた人は，1枚もらって，ジャンケンをしに行く。

⑤ 　制限時間の2分後，カードをたくさん集めていた班が優勝。

つなげる教師の次の一手

　誰もがリーダーをしたいものです。リーダーを交代して2回戦，3回戦……と行うとよいでしょう。

　その場合は，1回戦ごとに優勝が30点，2位が20点，3位が10点として，合計点で勝負すると盛り上がります。

（髙橋直）

③ 天下統一ドッジボール

体育館全体を使って行うドッジボールです。ボールが４つあるのでいつ当てられるか，気が抜けません。アウトになってしまった子も自分を当てた子が当たれば，復活できます。

すすめ方

① ソフトバレーボールを４つ用意する。コートは体育館全体。どこに逃げてもよい。

② 教師が４つのボールを適当に投げて，ゲームスタート。

③ ボールを取った子は，投げて当てる。当たってしまった子は，アウト。ステージの上にあがる。

③ 当たってしまった子は，自分を当てた子を目で追う。自分を当てた子が当たれば，復活できる。

④ 制限時間になったとき，アウトになっていない子が勝ち。

つなげる教師の次の一手

ペアで行うと，さらにつながりを深くすることができます。ペアは５m以上離れてはいけない，片方が当たればアウト，というルールです。

自分を当てた子が他の子を当てたら復活というルールも面白いです。

(奥井)

④ あぺ～鬼

　鬼が「あぺ～」と言いながら追いかける増え鬼です。最後の1人が鬼たちに「あぺ～，あぺ～」と追いつめられ，絶叫と爆笑の中でタッチされる姿は最高のくだらなさです。

すすめ方

① クラス全員が赤白帽子を白色にして，仰向けになって寝る。
② 教師は「多賀くん，長瀬くん，西村さん」と鬼を3人指名して，手を叩く。これがスタートの合図。
③ 鬼以外の子は立ち上がって，すぐに逃げる。体育館の中全部，運動場のトラックの中など，指定された範囲ならどこに逃げてもOK。
④ 鬼は帽子を赤色にしてから追いかける。両腕をキョンシーのように前に伸ばして挙げる。そして，「あぺ～，あぺ～」と気持ち悪い声を出しながら追いかけるのが約束。
⑤ タッチされた子は，赤帽子にして，どんどん鬼になる。そして，両腕を挙げて「あぺ～，あぺ～」と言いながら，鬼以外の子を追いかける。全員が鬼になったら終了。

つなげる教師の次の一手

　たくさんの鬼が最後の1人を追いつめていくときが，あぺ～鬼のクライマックスです。

　鬼たちが息を合わせてじわじわと近づき，みんなでタッチするように事前に練習しておきましょう。

（島田）

⑤ ピ・ピ・ピ・ピ・ピクショナリー

友達が描いた絵が何なのか当てるゲームです。何の絵か分からずにクラスに笑いが起こります。

すすめ方

① 1班から1人が前に出る。1班の残りのメンバーは，教室の後ろに行く。

② 前に出た子が，他の人に見えないようにお題の紙を1枚引く。お題には1点から3点の点数がついている。1点は「お墓」など簡単なもの。3点は「壁紙」など難しいもの。

③ 前に出た子は，お題の絵を黒板に描く。教室の後ろにいるメンバーは，その絵が何の絵か分かったら，次々に答える。

④ 1分以内に正解が出たら，その点数をゲット。

⑤ 2班，3班，……6班，1班，2班……と①～④をくり返す。ゲットした点数の多い班が優勝。

つなげる教師の次の一手

お題は3点が「アーモンド」「マンゴー」「沈没船」「高速道路」「毛穴」など。2点が「がびょう」「白菜」「かび」「せんべい」「地下鉄」「ナイター」など。1点が「指」「白鳥」「わたがし」「フラフープ」「ミイラ」など。

(中村)

⑥ サバイバルジャンケン

グループ対抗の勝ち残りジャンケンです。子どもたちはメンバーのジャンケンを必死で応援します。

すすめ方

① グループ対抗のゲーム大会をして，同点優勝になったとき。サバイバルジャンケンで決着をつける。

② グループのメンバーは，教室の前に出る。そして，図のように向かい合って一列に並ぶ。

③ まずは，先頭の子同士がジャンケンをする。負けた子は，席に戻る。勝った子は，負けたグループの2番目の子とジャンケンをする。

④ 負けた子は席に戻る。勝った子は残って，次の子とジャンケンするをくり返す。

⑤ 先に全員が席に戻ってしまったグループが負け。生き残ったグループが勝ち。

つなげる教師の次の一手

サバイバルジャンケンに参加しない子たちには，どっちのグループが勝つと思うか，予想させるとよいでしょう。

子どもたちは自分が勝つと予想したチームを応援します。

（中村）

7 勝敗の関係ないジャンケン

2人組でジャンケンさせます。しかし，ジャンケンの勝敗は関係ありません。勝ったチームと負けたチームの声の大きさ，声が揃っているかで勝負です。

すすめ方

① 2人組をつくらせ，ジャンケンさせる。
② 教師は「勝った人？」と聞く。勝った子どもたちは「はーい」と答える。
③ 次に教師は「負けた人？」と聞く。負けた子どもたちは「はーい」と答える。
④ 教師は「ジャンケンに負けた人の勝ち！　負けた人たちの声の方が大きくて揃っている」と判定をする。そして，「ジャンケンに勝った人は，負けた人の良いところを3つ言ってあげてください」と指示する。
⑤ ①〜④を繰り返し行う。すると，子どもたちの声がどんどん大きくなり，揃ってくる。

つなげる教師の次の一手

②と③の順番を入れ替えると，子どもたちは気が抜けなくなり，教師の言葉を集中して聞きます。

④の指示の内容は，負けた人は勝った人の肩をもむ，くすぐる，相手の頭をなでなでする，やさしくデコピン，などもオススメです。お互いを触ることで子どもたち同士の距離が近づきます。

（院内）

⑧ 新聞紙ミッション

　新聞紙の中からお題に合った文字を探すゲームです。点数をつけて競わせると，子どもたちは協力して文字を探します。

すすめ方

① 子どもたちは班（4人）に分かれる。班に新聞紙と紙を配る。はさみとのりも準備する。

② 教師は次のルールを説明する。

　・お題に合った文字を新聞紙から見つける。

　・見つけた文字をはさみで切り，のりで紙に貼る。

　・10分間で多くの点数をゲットしたチームが優勝。

③ お題を黒板に書く。「『てへん』の漢字を見つけたら1点」「クラスの子の名前をひらがなで完成させたら3点，漢字で完成させたら5点」など。

④ ゲームを行い，優勝チームにスタンディングオベーションを贈る。

つなげる教師の次の一手

　子どもたちはチームによって作戦を立て，1点を多く集めたり，5点で逆転をねらったり，声をかけ合いながら取り組みます。

　お題はいろいろ考えられます。「神山先生，かっこいい！（10点）」など文章を指定しても面白いです。

（神山）

⑨ 両手指相撲

両手で行う指相撲です。手をつなぎ戦うことで，2人の距離が
グッと近くなります。

すすめ方

① 子どもたちは2人組になる。そ
して，右手同士，左手同士，親指
を立てた状態でつなぐ。
② 教師は「両手指相撲をします。
右手でも左手でも，相手の親指を
3秒押さえたら勝ちです。相手を
変えて，どんどんやってください。
1分間でたくさん勝てた人が優勝
です」とルールを説明する。
③ 子どもたちは次々と相手を変え
て，両手指相撲をする。
④ 1分後，「0勝の人？」「1勝の人？」と勝った数を聞いていく。1
番たくさん勝ったチャンピオンは起立させ，クラスみんなで賞品の拍
手を贈る。

つなげる教師の次の一手

男女の仲が悪いクラスでは，「男子，女子，男子……の順番でやる」と
いうようなルール設定をするとよいでしょう。

ゲームを通して，自然に手をつなぐ機会をつくることができます。

(中村)

⑩ フルーツバスケット＋ジャンケン

　フルーツバスケットをすると，わざと鬼になる子がいませんか？
席を移動するときにジャンケンを入れると，わざと鬼になる子が出
なくなります。

すすめ方

①　基本的なルールは，フルーツバスケットと同じ。鬼が「朝，パンを
　食べた人？」と聞けば，当てはまる人は立つ。
②　立った人は，中央に集まる。そして，２人組になりジャンケンする。
　ジャンケンで勝った人はイスに座る。
③　ジャンケンで負けた人同士の２人組でジャンケンする。勝った人は
　イスに座る。
④　これをくり返して，最後まで残った人が鬼。
⑤　鬼がお題を言って，①〜④をくり返す。

つなげる教師の次の一手

　ジャンケンの運次第なので，同じ人ばかりが鬼になることがありませ
ん。素速く動けない子にも優しいフルーツバスケットです。

（髙橋直）

⑪ 心ひとつに

　同じ答えを書いた人が多い班が勝ちです。子どもたちは同じ答え
を書こうと，心を1つにしてがんばります。

╼━━━━━━━━━━╾ すすめ方 ╾━━━━━━━━━━╾

① 　1班の5人が教室の前に出る。そして，一人ひとりが小黒板1枚と
　チョークを1本持つ。
② 　1班の班長はお題の紙を1枚ひく。お題は，「世界一強い動物とい
　えば」など。
③ 　班のメンバー一人ひとりが「世界一強い動物」だと思うものを小黒
　板に書く。制限時間は，30秒。隣の人に見えないように気をつける。

④ 　教師の「せーの，ドン」の合図で
　班のメンバーは一斉に小黒板に書い
　た答えをクラス全員に見せる。5人
　全員が同じ答えなら100点。4人が
　同じなら50点。3人なら30点。
⑤ 　2班，3班，……6班，1班，2
　班……と回答班をかえて，①〜④を
　くり返す。合計点が一番多い班が優
　勝。

つなげる教師の次の一手

　お題は「『う』で始まる長い食べ物といえば」「視力の低い人が使うも
のといえば」など，多くの人が同じ答えを思い浮かべるものがよいでしょ
う。

（中村）

⑫ た・た・た・た・たし算

　２人が出した指の数を計算します。先に答えを言った方が勝ちです。ゲームを通して，多くの友達とふれ合うことができます。

すすめ方

① 　子どもたちは自由に立ち歩き，２人組をつくる。そして，ジャンケンをして，勝った人がたし算，ひき算，かけ算，わり算のどれにするか決める。

② 　２人で声を揃えて「た・た・た・た・た〜し〜ざん」「ひ・ひ・ひ・ひ・ひ〜き〜ざん」などと両手を振りながら言う。そして，最後の「ん」に合わせて，１本から９本までの指を出す。

③ 　２人の出した指を計算して，先に正しい答えを言った方が勝ち。

④ 　相手をかえて，①〜③をくり返す。

⑤ 　３分間でたくさん勝った人が優勝。負け数は数えなくてよい。

つなげる教師の次の一手

　１本指を出す子が有利になります。それに気づく子が出たら，２本指以上，５本指以上などルールを工夫してください。

　わり算は余りが出ることが多いので，難しいです。でも，面白いです。

(中村)

⑬ 「ん」で終わる長〜い言葉を探せ！

「ん」で終わる一番長い言葉を見つけた人が勝ちという遊びです。
意外な子が優勝することも多く，友達から認められます。

■■■■■■■■■■ すすめ方 ■■■■■■■■■■

① 教師は「『ん』で終わる一番長い言葉を見つけた人が勝ちです。制限
時間は2分。よーい，スタート！」と言う。

② 子どもたちは，見つけた言葉を発表する。「マイコプラズマ肺炎（11
音）」「東海道新幹線（12音）」「ユニバーサルスタジオジャパン（13音）」
「最高裁判所裁判官（15音）」など。

③ 一番長い言葉を発表した子を立たせ，クラスみんなで賞品の拍手を
贈る。

つなげる教師の次の一手

子どもたちは，こういう知的な遊びが大好きです。特に指示しなくて
も，次の日には「先生，こんな言葉があった！」と言いに来ます。

1人で考えるパターンを紹介しました。ペア（2人）で考える，班（4
人）で考えるなどのルールにすれば，子どもたちをもっと「つなげる」
ことができます。

（中村）

第7章
教師と保護者を「つなげる」ネタ

　学級をうまく運営していくためには，保護者の協力が欠かせません。

　保護者にそっぽを向かれると，学級は危うくなってしまいます。

　教師と保護者を「つなげる」ことも大切です。

　本章のネタを使って，保護者ともしっかりつながってください。

① 子どもの家庭について覚えよう

　　保護者とつながるためには，まず子どもの家庭について知ること
が大切です。子どもの話をたくさん聞くことで，子どもの家庭環境
が自然に頭に入ってきます。

すすめ方

① 　家庭数だけ配る文書があるとき，教師は「○○小学校にお姉さん，
　お兄さんがいる人？」と聞き，手を挙げさせる。
② 　教師は手を挙げた子の中で，おしゃべりの得意な子に「へ～，○○
　ちゃんは，お兄さんがいるんだね。何年生？」と質問する。
③ 　さらに「どんなお兄ちゃんなの？」と質問する。すると，おしゃべ
　りの得意な子は，いろいろ教えてくれる。
④ 　教師は「他の人もお姉さん，お兄さんについて教えてね」と言って
　おく。すると，休み時間に子どもたちが寄ってきて，兄弟についてい
　ろいろ話してくれる。
⑤ 　保護者にお会いしたとき，「○○ちゃんのお兄ちゃんは○○なんで
　すね」と兄弟の話をする。保護者は「先生，そんなことまで知ってる
　んだ」と驚かれる。

つなげる教師の次の一手

　　習い事について聞くと，思わぬ保護者の情報を得ることがあります。
たとえば，お父さんがサッカーのコーチだったり，お祖母ちゃんが習字
の先生だったりします。

（武部）

② 参観日に「赤ちゃん当てクイズ大会」を

　参観日に「赤ちゃん当てクイズ大会」をします。赤ちゃんのとき
の写真を見せ，それが誰かを当てるクイズです。子どもたちの成長
を実感でき，保護者はうれしくなります。

すすめ方

① 　子どもたちは，家族と一緒に自分が赤ちゃんのときの写真を探し，
　1枚持って来る。

② 　参観日に「赤ちゃん当てクイズ大会」をする。1班のメンバー5人
　が前に出る。教師はその5人の写真を集めてシャッフルし，1枚ずつ
　実物投影機などで大きくして映す。

③ 　1班以外の子は，1枚目の写真が
　誰なのか予想して書く。2枚目，3
　枚目……と予想して書く。

④ 　1班全員の写真を見せ終わった
　ところで，もう一度1枚ずつ写真を
　映し，正解を発表していく。

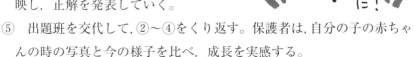

⑤ 　出題班を交代して，②〜④をくり返す。保護者は，自分の子の赤ちゃ
　んの時の写真と今の様子を比べ，成長を実感する。

つなげる教師の次の一手

　一緒に赤ちゃんの時の写真を探すだけでも，親子の会話が弾みます。
　これを機会に「親への感謝の心」を持たせましょう。保護者も喜ばれ，
教師への信頼が増します。

（中村）

③ 親への感謝を伝える

　最後の参観日に親への感謝の手紙を書かせましょう。保護者はうれしくなり，「1年間この先生で良かった」と思ってくださいます。

すすめ方

① 　今年1年も無事に過ごし，成長することができたのは親のお陰であることを授業や朝，帰りの会などでくり返し伝える。

② 　教師は参観日の授業で親へ感謝の手紙を書くことを予告しておく。

③ 　参観日の授業では，まず，お家の人にどんなことをしてもらっているのか，クラスで話し合う。

④ 　子どもたちは話し合いで出た意見を参考に手紙を書く。そして，その手紙を机の上に置いて帰る。そして，保護者は自分の子の席に座る。

⑤ 　学級懇談会の最初に，保護者にその手紙を読んでもらう。その後で担任は1年間の子どもたちの成長の様子を伝える。

つなげる教師の次の一手

　「当たり前」の反対は「有り難い」，つまり「ありがとう」です。③では「朝起こしてもらう」「『いってらっしゃい』と言ってもらう」など，日頃してもらっていることを大切にさせましょう。

　来られなかった保護者には，家で子どもに直接手渡しさせます。

　書きにくい子もいるかも知れません。参観日の前に，いくつか手紙の例を読み聞かせておくとよいでしょう。

（五十嵐）

4 校内きもだめし大会
―保護者とイベント大作戦―

夏休みの思い出に「校内きもだめし大会」を企画しましょう。子どもたちの思い出を協力してつくる中で，保護者と教師のつながりが強くなります。

すすめ方

① 教師は「夏休みの思い出に『校内きもだめし大会』をしよう！」と呼びかける。子どもたちは「え〜！」と言いながらも，乗ってくる。

② まずは，教師は校長に許可をもらいに行く。これは絶対に必要。許可がもらえたら，子どもたちが全員参加できる日を決める。

③ お化け役と誘導役を保護者から募る。お化け役の方には，各自でお化けの格好を準備してもらう。

④ 保護者には，当日は少しだけ早く来てもらう。そして，準備，打ち合わせをする。教師はきもだめしのコースとお化け役，誘導役をどこに配置するか決めておく。説明し，保護者からも意見をもらう。

⑤ 「校内きもだめし大会」を行う。子どもたちは数名のグループになってコースを回る。夏休みの最高の思い出になること間違いなし。

つなげる教師の次の一手

安全面への配慮が必要です。危険な場所にはお化けを配置しない，絶対に走らないという約束をする，などの配慮をしてください。

管理職の許可を得るためにも，学年で行うなど，多くの先生を仲間に引き入れましょう。

（髙橋健）

保護者のイベントに参加する

　保護者が立ち上げたイベントに教師も協力しましょう。ただし，あくまで協力者というスタンスが大事です。

すすめ方

① 　保護者からイベント（バーベキュー，スポーツレクなど）をしたいという話が出て来たら，教師は「いいですね！　私も協力させていただきます」と言う。

② 　あくまでも保護者主体で話を進めてもらう。教師は協力者のスタンスを崩さない。その範囲でできるだけの協力はする。

③ 　イベント当日は，もちろん教師も参加する。そして，盛り上げ役に徹する。

つなげる教師の次の一手

　イベント当日は，教師の家族と一緒に参加するとよいでしょう。保護者も子どもたちも大喜びで，つながりが一気に深まります。

　イベントをすると，保護者同士のつながりも深まります。そうすれば，学校行事などへの協力体制も整ってきます。

（髙橋健）

⑥ バザーでカリスマ店員になる

　PTA 主催のバザーに店員としてお手伝いをします。主催者と仲良くなれます。また，お客さんとして来た保護者とも仲良くなれます。

すすめ方

① 　バザーの情報を手に入れたら，お手伝いしてもよいか主催者にお願いする。
② 　バザー当日はっぴなどの派手な衣装を着て，お手伝いする。
③ 　お客さんが来たら，「○○さんに似合いますよ。どうです？　お安くします」などの販売トークをノリノリでする。
④ 　お買いあげいただいたら，「店長，千円入ります」と言って主催者にお金を渡す。

つなげる教師の次の一手

　恥ずかしがらずに，カリスマ店員になりきって，ノリノリでやるのがコツです。
（佐藤）

7 保護者とつくる コラボレーション通信

学級通信は，子どもたちの様子を保護者に伝える有効なアイテムです。しかし，どうしても教師から保護者への一方的なお知らせになりがち。学級通信に保護者を巻き込むことで，学級通信を双方向にし，より密につながることができます。

すすめ方

① 4月の最初，保護者から担任に伝えたいことを書く用紙を配布する。
② 学級通信の中に保護者の声を紹介するコーナーをつくる。

③ 保護者からコメントをいただいたら，学級通信に掲載してよいか確認の電話をする。電話をすることで，保護者とお話しすることができる。
④ 許可をいただいたコメントを学級通信に掲載する。
⑤ 感謝のお手紙と新しい用紙を子どもに持って帰らせる。

つなげる教師の次の一手

行事のときには，お題を設定した用紙を配るとよいでしょう。お題は，運動会前なら「運動会の思い出」「応援メッセージ」など。学習発表会の後なら「学習発表会の感想」。授業参観の後なら「授業参観記」など。

学級通信の区切り（50号，100号など）を特別号として，保護者のコメントの特集にしても喜ばれます。

（神山）

8 学級通信に教師の学びの記録を書く

　子どものモデルである教師は学び続けなければなりません。学級通信に教師の学びを書くことで，保護者に教師の努力が伝わります。そして，信頼関係が築けます。

すすめ方

① 学級通信に教師の学びを書くコーナーをつくる。

② セミナーに参加した後，本を読んだ後など，学んで心に響いた内容を書く。

　（例）―言葉の大切さ―　先日，○○県○○小学校教諭の○○先生のお話をお聞きする機会がありました。

　　　　○○先生は，ご著書を出されており，全国で講演・講義等をたくさん行われている有名な国語の先生です。

　　　　○○先生のお話の中で，心に残ったお話があります。それは，子どもをディスカウントする言葉についてのお話です。私も気をつけないといけないなと思いました。（以下，略）

③ 特に保護者に伝えたい内容のときは，特集号をつくってもよい。

つなげる教師の次の一手

　教師の心をオープンにして書くことが大切です。本当に自分の心に響いたものだけ書きましょう。

　オススメの本の画像などを入れるのも効果的です。

（川本）

⑨ 保護者が見たくなる連絡帳に

「自分がクラスみんなのためにしたこと」などを連絡帳に書かせます。良いことだけが書いてあるので，保護者も喜ばれます。ただの連絡するためのノートが，見たくなる連絡帳に変わります。

すすめ方

① 帰りの会で子どもたちは「自分がクラスみんなのためにしたこと」を１つ，「仲間がクラスみんなのためにしたこと」を１つ連絡帳に書く。

② 子どもたちは班に分かれ，書いたことを発表する。そのとき，他の子は「いいね！」「すごいね！」と共感しながら聞く。

③ 家に帰ったら，保護者に連絡帳を見ていただき，サインをもらうように言う。

④ 次の日の朝，連絡帳を集め，教師からの一言コメントを書く。保護者からのコメントが書いてあることも多い。その場合は，保護者への返事も書く。

つなげる教師の次の一手

保護者に返事を書く場合は，保護者のコメントよりもマスを下げて書きます。保護者を敬い，教師が保護者より一歩下がる姿勢が大切です。

保護者よりも意地でも一行多く書きましょう。

教師のコメントは青色で書くとよいでしょう。

子ども，保護者は黒色なので，どれが教師のコメントか一目で分かります。

（髙橋直）

⑩ 人間関係の三角形，積はいつも「＋」

人間は三者の関係が「＋」になるようにします。4月の懇談会で
この話をして保護者が子どもの前で教師批判をしないようにします。

すすめ方

① 懇談会のとき，教師は黒板に三角形
を書き，頂点にA，B，Cを書く。そ
して，「A，B，Cの三者それぞれの関
係を『＋』と『－』で考えたとき，3
つをかけ算して『＋』にならないと，

人間は不快になってそれを解消しようとします」と説明する。

② さらに「たとえば，三者が仲良しなら，全部『＋』。3回かけても『＋』
です。しかし，AがBを嫌いになると『－』『＋』『＋』でかけ算の答
えは『－』です。CがAとBの仲を取り持つか，あきらめてCがBを
嫌いになるしかありません」と具体例を出して説明する。

③ 教師は「実は，これ，保護者と教師，子どもの関係も同じなんです」
と言う。そして，ABCを「保護者，教師，子ども」に書き換える。

④ 最後に「子どもは，保護者の方が教師の悪口を言うと，お母さんと
関係を崩したくないので，教師を嫌いになります。だから，お子さん
の前では絶対に教師の悪口を言わないでください。私がどんなにがん
ばっても，親御さんにはかないませんから」とお願いする。

つなげる教師の次の一手

心理学の「認知的バランス理論」がネタ元。中島義明他編『心理学辞
典　第二版』（有斐閣）などに紹介されています。　　　　　　（澤口）

⑪ 懇談会でだっこの宿題

　保護者に子どもとのスキンシップを促すネタです。保護者との関係もできてくる２学期の懇談会で「だっこの宿題」を出しましょう。

■ **すすめ方** ■

① 　懇談会の前，教師は子どもたちに「懇談会でお家の方に宿題を出します。宿題をするには，みんなの協力が必要だからお願いね」と言う。

② 　子どもたちは，「僕もがんばって宿題を手伝うので，お母さんもがんばってね！」とお家の方宛てのメッセージを書く。

③ 　懇談会で保護者の方に「だっこの宿題」を出す。子どもたちが頼んだことをしてくれたら，８秒間ギューッと強く抱きしめてあげるようお願いする。

④ 　子どもたちのメッセージを渡す。子どもたちが何も知らずに協力を約束していることに笑いが起きる。

⑤ 　翌日，子どもたちに宿題の感想を書かせる。感想は学級通信で紹介するとよい。

つなげる教師の次の一手

　七田眞著『赤ちゃんは天才！』（KKベストセラーズ）を参考にしています。この本を引用し，保護者に配ってもよいでしょう。

　子どもにお礼を言う場面を考えて，保護者同士で練習しても面白いです。

　お礼を言う場面が思いつかない場合には，「今日も元気で帰って来てくれて，ありがとう」という言葉を提案しましょう。

（武部）

12 個人懇談会で友達が見つけた良いところを伝える

個人懇談会で教師からのほめ言葉だけでなく，友達に書いてもらった良いところを伝えます。「友達から認められているんだ！」と保護者は安心し，うれしくなります。

① 教師はB6程度の小さな紙を1人に1枚配る。そして，「今日は，松久くんの良いところを書きます。時間は3分です」と言う。
② 子どもたちは松久くんの良さを箇条書きする。「筆箱を落としたときに拾ってくれた。優しい」など，できるだけ具体的な話が良い。
③ 教師はその紙を集め，内容をチェックする。そして，ホッチキスでとめる。
④ クラス全員が終わるまで，毎日続ける。
⑤ 個人懇談会で，その紙を読み聞かせる。保護者は友達に書いてもらった良いところを聞き，笑顔になる。

つなげる教師の次の一手

欠席の子にも，後で必ず書かせましょう。クラス全員の分がないと，不安になる保護者もいらっしゃいます。

個人懇談会の最初に読み聞かせるとよいでしょう。保護者が笑顔になり，その後の会話も弾みます。

個人懇談会の後は，持って帰っていただいてもよいでしょう。子どもと一緒に読むことで，保護者はさらにうれしくなります。

(松久)

⑬ ちょっとおしゃべりの会

担任の先生と話がしたいけど，なかなかできない。そんなふうに思っている保護者もいらっしゃいます。参観日や懇談会の後，保護者と担任が話せる機会を設定してみましょう。

すすめ方

① 参観日や懇談会の後，教師は保護者に「私はしばらく教室に残っています。ぜひ，お話をしましょう。希望される方は残ってください」と呼びかける。

② まずは，残られた方全員と教師で雑談をする。固い雰囲気にならないように立ち話でよい。

③ 個別に話をしたい方の希望を取る。複数いる場合は，順番を決める。制限時間を決め，1人ずつお話しする。

つなげる教師の次の一手

学級通信などで事前にお知らせしておくとよいでしょう。

話すのが好きな保護者が参加することが予想されます。個人懇談と違って，教師は聞くことに集中しましょう。すると，保護者も満足して帰られます。

（髙橋健）

第8章
教師と職員室を「つなげる」ネタ

現場は非常に厳しいです。

この厳しい現場を独りで乗り切るのは難しい。

教師個々の力には，限界があります。

そんなとき，力になってくれるのが同僚です。

同僚としっかりつながって，チームで対応して
いきましょう。

① 当番チャーンス！

　校内の戸締まり点検が当番で回ってきませんか？　他の教室を見るチャンスです。せっかくなので教室を見て感じたことをもとに，いろいろ聞いてみましょう。

すすめ方

① 　各学級の戸締まりを確認しながら，教室の様子をチェックする。

② 　掲示物などを見ながら，自分が参考にしたいと思ったことをメモする。

③ 　メモをもとに，その教室の担任の先生に質問する。「先生の教室に素晴らしい絵が貼ってありましたね。あの絵はどうやって描かせたのですか？　私も挑戦してみたいのですが」

　「すでに学級通信100号が貼ってありましたね。あれだけ多くの学級通信をいつつくられているのですか？」など。

④ 　担任の先生は機嫌良く教えてくれる。

つなげる教師の次の一手

　デジタルカメラで撮影すると良い資料になります。撮影する場合は，担任の先生の許可を得てからにしましょう。

（神山）

② 職員会議の資料に当たりクジ

　職員会議の資料に1枚だけ「当たり」を用意します。簡単なネタですが，職員室がなごみます。

すすめ方

① 　提案する文書の裏に1枚だけ「当たり」と書いておく。

② 　職員会議で提案する最初に「1枚だけ『当たり』を用意しました。資料の裏に「当たり」と書いてある方は，職員会議後，小川の所までお越しください」と言う。

③ 　職員会議後，該当の先生がお見えになったら，大げさに「おめでとうございます！」と言う。

④ 　あらかじめ用意しておいたクジを引いてもらう。そして，クジに書かれている物をプレゼントする。プレゼントはお菓子や飲み物など簡単な物でよい。

つなげる教師の次の一手

　職員会議ではハードルが高い場合は，学年会などで行ってください。クジには「肩たたき券」「先生を笑わせます」などユニークなものも入れておくとよいでしょう。

（小川）

③ 懇談が長引いたら，お助けコール

懇談会などで延々と話を続ける保護者はいませんか？　そんなときは，「会議の時間になりました」「急ぎの電話が入っています」と校内放送やインターフォンでお助けコールをしてあげましょう。感謝されること間違いなしです。

すすめ方

① 　保護者が放課後に相談に来る場合。話が長くなりそうな保護者だったら同僚に「1時間経って話が終わらなかったら，お助けコールをしてね」などとお願いしておく。
② 　1時間経っても懇談が終わらなかったら，同僚にお助けコールをしてもらう。「会議の時間になりました。先生方は職員室にお戻りください」と校内放送で言ってもらったり，「急ぎの電話が入っています」とインターフォンで言ってもらったりする。
③ 　保護者に「すみません。会議がありますんで」「急ぎの電話が入りましたんで」とお断りする。話をまとめて終わり，職員室へ戻る。

つなげる教師の次の一手

若手は予期せずに話が延びてしまうことも多いです。そんなときは，気を利かせてお助けコールをしてあげましょう。

管理職にたまたま教室の前を通りかかったフリをしてもらい，「もうこんな時間ですが，お子様やご自宅の夕飯は大丈夫ですか？」と保護者に質問してもらう手もあります。

（髙橋直）

4 どんな仕事も喜んで引き受け，プラスαをして応える

　自分の分掌でない仕事を頼まれることがあります。大変有り難いことです。なぜなら，自分を頼りにしてくださっている証拠だからです。喜んで引き受け，さらにプラスαをしてお返ししましょう。

すすめ方

① 仕事を頼まれたら，自分の担当でなくても笑顔で喜んで引き受ける。

② 頼まれた仕事に，最優先で取り組む。

③ 頼まれたことだけでなく，次のようなプラスαをすると喜ばれる。

　例１：休んだ先生の学級の補教へ行くとき，養護の先生から内科検診の問診票を集めてほしいと頼まれた場合。回収するだけでなく，養護の先生が使いやすいように出席番号順に並べ直しておく。

　例２：学年主任から合唱の歌詞を模造紙に書いておいてほしいと頼まれた場合。歌詞を書くだけでなく，模造紙の裏の周囲をガムテープで補強しておく。また，場所が分かれば掲示まで済ませておく。

つなげる教師の次の一手

　「最優先」と言っても，自分の本来の業務が滞ってしまっては意味がありません。優先順位を考え，本末転倒にならないようにしてください。

　あまりにも大きなプラスαは，頼んだ相手に申し訳なさを感じさせてしまいます。気軽にお礼を言ってもらえる範囲にしましょう。

　同じように自分がプラスαをしてもらったら，ちゃんと気付いてお礼を言えるようにしましょう。

（山根）

5 職員室で話しかけられたら，相手の席の近くまで行く

　空き時間に職員室で仕事をしていると，管理職に話しかけられることがあります。そのとき，自席で応答していませんか？　上司から呼ばれたのなら，その席まで行くことは常識です。相手を尊重していれば，自然な行為として表れます。

すすめ方

① 管理職や教務主任，先輩に話しかけられたら，メモとペンを持ってすぐに席を立つ。
② 管理職や教務主任，先輩の席の近くまで行って，話を聞く。様々な指示を受ければ，メモする。
③ 相手の仕事の迷惑にならないように，タイミングを見計らって席に戻る。

つなげる教師の次の一手

　何気ない日常の一コマですが，かなりの頻度でくり返される場面です。ちょっとした気の遣い方で，職場の雰囲気が変わってきます。

　同僚や後輩と話すときも，極力自分から動いて相手の席に行きましょう。

　雑談のときも，相手の近くに行って話をしましょう。相手の表情や仕草から伝わることもたくさんあります。

（山根）

6 お礼の言葉は玄関で

　同僚に大きな迷惑をかけてしまうことがあります。そんなときは,玄関でお礼を言ってお見送りしましょう。お互いが一日を気持ちよく終わることができます。

すすめ方

① 　同僚に大きな迷惑をかけてしまった日。助けてくれた人がいつ帰宅しようとしているか気にしながら放課後を過ごす。
② 　その同僚が帰ろうとしたら,玄関まで追いかけていく。そして,もう一度深々と頭を下げる。
③ 　「今日は本当にありがとうございました」とお礼を言い,見送る。

つなげる教師の次の一手

　玄関は仕事のオン・オフのスイッチの場所です。一日の仕事を終えて帰ろうとする時にもう一度お礼を言うことで,その日一日感謝の気持ちを持って過ごしたことが相手に伝わります。

　しっかりお礼を言うことができる人間は,失敗から学ぶことができる人間です。いつでも感謝の気持ちを持つようにしたいですね。

（武部）

7 他の先生の特技を クラスの子にいかす

　職員室で雑談していると，他の先生の思わぬ特技を知ることがあります。その特技を自分のクラスの子に披露してもらいましょう。

すすめ方

① 　たとえば，職員室で雑談していて，ある先生がダンスが得意だと知ったとき。「私のクラスの子に先生のダンスを見せてあげたいです。ぜひ，お願いします」と頼む。

② 　自分の特技を披露することを頼まれて，そんなに嫌な気分になる人はいない。少し躊躇されるかも知れないが，強くお願いすると引き受けてくださる。

③ 　いつなら披露してくださるか聞く。迷惑にならない時間にお願いする。

④ 　約束の時間になったら，「この学校の先生の中に，ダンスの達人がいます？　誰でしょうか？」と子どもたちにもったいぶって話す。
　　そして，「ダンスの達人は，○○先生です。今日は特別に君たちのために踊ってくださいます。大きな拍手で迎えましょう！」と盛大に迎える。

⑤ 　終わった後も，大きな大きな拍手で感謝を伝える。

つなげる教師の次の一手

　子どもたちにお礼のお手紙を書かせると，とても喜んでくださいます。職員室でもお礼を言い，オーバーにほめましょう。

（楠本）

⑧ お花のプレゼント

　自分のクラスにお花を飾っている先生も多いのでは？　始業式，参観日などの特別な日には同じ学年部の教室にもお花を飾らせてもらいましょう。

すすめ方

① 　学年がスタートするとき，「私はお花が好きなので，時々○○先生の教室にもお花を飾らせていただいていいですか？」とお願いする。
② 　始業式，参観日など，特別な日には，その先生の教室にもお花を飾らせてもらう。
③ 　修了式の日には，１年間のお礼のメッセージを書く。お花を飾り，その下にメッセージを置いておく。

つなげる教師の次の一手

　自分の教室と隣の教室に色違いのお花を飾り，週の途中で入れ替えるのも気分転換になり楽しいです。

（武部）

⑨ 学級通信をあげる

　職員室の先生方の机上に学級通信を置いておきます。学級通信には，担任の思いや授業の記録，どうやって指導したか？　などいろいろなことが詰まっています。学級通信を読めば，若手も質問しやすくなります。

すすめ方

①　教師は学級通信をクラスの人数分＋職場の人数分印刷する。

②　職員室の先生方の机上にも学級通信を１枚ずつ配る。

③　あくまで配っておくだけにする。自分からはその学級通信については話題にしない。

④　学級通信の内容について，若手が質問に来ることがある。そのときは，優しく教えてあげる。

つなげる教師の次の一手

　押しつけた感じにしないのが大切です。そのためにも③のように自分から学級通信を話題にすることは避けましょう。そして，若手が質問に来たときにだけ優しく教えてあげましょう。

　若手が学級通信をくれたら，できるだけ多く良い点を見つけましょう。そして，その良い点を若手に伝えましょう。

（髙橋直）

116

10 他のクラスの子の良いところを伝え合う

　自分のクラスの子がほめられれば，うれしいもの。他のクラスの子の良いところを見つけ，どんどん担任に伝えましょう。

▶ **すすめ方** ◀

① 他のクラスの子の良い行動を見つけたら，メモしておく。
② 学年会で，そのメモを紹介する。
③ 自分のクラスの子をほめられた担任はうれしくなる。
④ 他のクラスの子の良い行動を見つけたらメモする約束をつくる。そして，学年会でそのメモを紹介し合う時間をつくる。

いい感じの子達…△△先生のご指導なのかな？

つなげる教師の次の一手

　他の同僚に子どもたちを見てもらうことで，違った視点から子どもを理解できます。

　なぜ，そのような行動ができたのかをふり返りましょう。それが意図的な指導の結果であれば，その担任の指導方法も教えてもらいましょう。

　他のクラスの良いところを見つけることは，各担任の良さを認めることにつながります。

（松久）

⑪ 真剣教師 ―しゃべり場―

　新しく赴任した先生は不安なもの。学校の状況が分かりません。
そこで，お互いの思いや悩みを共有するために，雑談をする場を設
定しましょう。

すすめ方

①　4月当初，新しく赴任された先生方の机上に「真剣教師―しゃべり
　場―○月○日○時開催。場所，○○。もしよかったらご参加ください」
　という招待状を置いておく。

②　1回目は，「真剣教師―しゃべり
　場―」の内容を説明する。
　・それぞれの取り組みや悩みを共有
　　する場であること。
　・雑談しながら，気軽に話をする場
　　であること。
　・2人以上いれば，いつでも開催で
　　きること。
③　2回目以降は，ちょっとした隙間
　時間を見計らって，互いに声をかけ
　て開催する。

つなげる教師の次の一手

　特に新任の先生は不安なもの。先輩として積極的に声をかけましょう。
コーヒーやちょっとしたお菓子を用意すると，会話も弾みます。

　　　　　　　　　　　　　　　　　　　　　　　　　　　　（神山）

⑫ 校内で自主研修会

　若い先生が増えています。自主研修会を開いて，校内のベテラン教師から匠の技を学びましょう。

すすめ方

① 　ベテランの先生方の得意技をリサーチする。奥井先生の読み聞かせ，志満津先生の合唱指導など。
② 　ベテランの先生方に講師をお願いする。引き受けてくださった方で1年間のラインナップを決める。そして，テーマ，日時，場所など予定を立てる。
③ 　自主研修会の前には，職員室全員に内容を書いた紙を配る。参加は自由。
④ 　校内自主研修会を行う。若手で感想をまとめ，お礼を言うのを忘れない。

つなげる教師の次の一手

　教師は基本的に教えたがり屋です。また，若手に自分の技を伝えたい残したいと思っているものです。ベテランの先生も快く引き受けてくださるでしょう。

　ベテラン教師は誰でも1つは特技をもっているものです。全てのベテラン教師に声をかけ，お願いしましょう。声をかける方とかけない方がいては，失礼です。

（奥井）

13 飲み会では「社長」「部長」, 罰金も取ります

　飲み会の席で「○○先生」と言ったら，罰金を取ります。周りから教育関係者という目で見られないので，気持ち良く話をすることができます。

■━━━━━━━━━━━━━━▶ すすめ方 ◀━━━━━━━━━━━━━━■

① 　飲み会の席で呼ぶ役職名を決める。校長は「社長」，教頭は「副社長」，主任は「部長」など。他の人は「○○係長」「○○さん」などと呼ぶ。

② 　もし，「先生」と呼んだら，1回目は50円，2回目は100円，3回目は200円というように罰金ルールを決める。

③ 　「先生」と呼んでしまった人が出たら，罰金をもらう。

④ 　集まった罰金は，飲み会の支払いに使う。

つなげる教師の次の一手

　個人情報の漏洩に気をつけることにプラスして，周りにバレないように気兼ねなく話し合える楽しさがあります。

　商店街にしても面白いです。その場合は，校長は「会長」，教頭は「副会長」，その他「魚屋」「肉屋」「時計屋」「帽子屋」など店の名前で呼び合うことになります。

　飲み会では，「ゴチバトル」をしても面白いです。みんなで合計金額を予想します。一番正解に近かった人の会費は，ただです。残りのメンバーで飲み代は割り勘にします。

（髙橋直）

●執筆者一覧（所属は執筆時）

五十嵐健一　　千葉・千葉市立大森小学校

院内智隆　　　愛知・田原市立伊良湖岬中学校

小川拓海　　　愛知・名古屋市公立中学校

奥井貴仁　　　愛知・半田市立乙川小学校

梶川高彦　　　愛知・東浦町教育委員会スポーツ課

神山雄樹　　　愛知・知多市立東部中学校

川本　敦　　　大阪・帝塚山学院小学校

楠本輝之　　　愛知・公立小学校

佐藤宗巧　　　神奈川・横浜市立金沢小学校

澤口陽彦　　　広島・福山市立長浜小学校

島田幸夫　　　広島・福山市立山手小学校

髙橋健一　　　新潟・妙高市立妙高高原北小学校

髙橋直登　　　愛知・東海市立渡内小学校

武部陽子　　　島根・大田市立鳥井小学校

友田　真　　　広島・東広島市立板城小学校

中村健一　　　山口・岩国市立平田小学校

原龍太郎　　　広島・広島市立瀬野小学校

藤原裕一　　　島根・益田市立戸田小学校

松久一道　　　愛知・武豊町立富貴中学校

三小田文香　　愛知・名古屋市立表山小学校

山根僚介　　　広島・福山市立日吉台小学校

編著者紹介

●中村健一

1970年山口県生まれ。現在，山口県岩国市立川下小学校勤務。お笑い教師同盟などに所属。日本一のお笑い教師として全国的に活躍。

主な著書に『子どもも先生も思いっきり笑える73のネタ大放出！』『教室に笑顔があふれる中村健一の安心感のある学級づくり』『新装版 つまらない普通の授業に子どもを無理矢理乗せてしまう方法』『新装版 クラスを「つなげる」ミニゲーム集 BEST55＋α』『つまらない普通の授業をおもしろくする！ 小ワザ＆ミニゲーム集 BEST57＋α』『ゲームはやっぱり定番が面白い！ ジャンケンもう一工夫 BEST55＋α』（以上，黎明書房），『中村健一 エピソードで語る教師力の極意』『策略 ブラック学級づくり―子どもの心を奪う！ クラス担任術―』（以上，明治図書出版）がある。

編著に『担任必携！ 学級づくり作戦ノート』『学級担任に絶対必要な「フォロー」の技術』『子どもの表現力を磨くおもしろ国語道場』『健一中村の絶対すべらない授業のネタ78』『デキる！ 教師の1日』『新装版 ホメる！ 教師の1日』『新装版 子どもが大喜びで先生もうれしい！ 学校のはじめとおわりのネタ108』『新装版 めっちゃ楽しく学べる算数のネタ73』（以上，黎明書房），共著に『42の出題パターンで楽しむ痛快社会科クイズ608』『42の出題パターンで楽しむ痛快理科クイズ660』『クイズの出し方大辞典付き笑って楽しむ体育クイズ417』『笑う！ 教師の1日』『もっと笑う！ 教師の2日目』『新装版 教室で家庭でめっちゃ楽しく学べる国語のネタ63』『崩壊学級担任を救う33の方法＆つぶす13の方法』（以上，黎明書房），『子供が納得する個別対応・フォローの技術』（学事出版）がある。他にも著書多数。

出演DVDに「見て，すぐわかる授業導入のアイディア集―お笑い系導入パターン―」（ジャパンライム），「明日の教室DVDシリーズ36 学級づくりは4月が全て！ ―最初の1ヵ月死ぬ気でがんばれば，後の11ヵ月は楽できる―」（有限会社カヤ）がある。

＊イラスト・山口まく

新装版 厳選102アイテム！ クラスを「つなげる」ネタ大辞典

2021年2月15日 初版発行

編著者	中村健一
発行者	武馬久仁裕
印刷	株式会社 太洋社
製本	株式会社 太洋社

発行所　株式会社 黎明書房

〒460-0002 名古屋市中区丸の内3-6-27 EBSビル ☎052-962-3045
FAX 052-951-9065 振替・00880-1-59001
〒101-0047 東京連絡所・千代田区内神田1-4-9 松苗ビル4階
☎03-3268-3470

落丁本・乱丁本はお取替します。 ISBN978-4-654-02347-9
© K. Nakamura 2021, Printed in Japan

中村健一編著　河内教員サークル SOYA 協力　　　　　A5・101 頁　1700 円

新装版　ホメる！　教師の 1 日

子どもも先生もハッピーにする，教育効果バツグンのほめまくり術！　朝の会から帰りの会・放課後まで，ほめまくる 78 のネタを公開。

中村健一著　　　　　　　　　　　　　　　　　　　A5・171 頁　2200 円

新装版　つまらない普通の授業に子どもを無理矢理乗せてしまう方法

準備をしなくても，年間 1000 時間の授業に子どもたちを飽きさせず，軽々と乗せてしまう教育技術のすべてを紹介。

中村健一著　　　　　　　　　　　　　　　　　　　B5・62 頁　1660 円

つまらない普通の授業を
おもしろくする！　## 小ワザ＆ミニゲーム集 BEST57+α

おもしろみのない普通の授業を，ちょっとしたワザとゲームで盛り上げおもしろくするネタを 57 紹介。成功の秘訣やプラス α のネタも教えます！　2 色刷。

梶川高彦・中村健一編著　　　　　　　　　　　　　A5・93 頁　1600 円

崩壊学級担任を救う 33 の方法＆つぶす 13 の方法

「学級崩壊の立て直し」ではなく，「崩壊学級担任の救出」を目的にした本。学級崩壊しても，病休に入らず，辞めずに 1 年間生き抜く方法を紹介。

中村健一著　　　　　　　　　　　　　　　　　　　B5・62 頁　1700 円

新装版　クラスを「つなげる」ミニゲーム集 BEST55+α

クラスをたちまち 1 つにし，先生の指示に従うこと，ルールを守ることを子どもたちに学ばせる，最高に楽しい子どもたちに大好評のゲーム 55 種を厳選。2 色刷。

多賀一郎・中村健一著　　　　　　　　　　　　　　A5・96 頁　1600 円

新装版　教室で家庭でめっちゃ楽しく学べる国語のネタ 63

短い時間でできる国語のクイズ，パズル，ゲーム，お話など，63 のネタを低学年・中学年・高学年に分けて紹介。国語の驚きの面白ネタが満載です。

中村健一編著　　　　　　　　　　　　　　　　　　A5・96 頁　1600 円

新装版　めっちゃ楽しく学べる算数のネタ 73

子どもたちがなかなか授業に乗ってこない時などに使える，子どもが喜ぶ楽しい算数のネタを，全学年に分けて紹介。算数が苦手な子も得意な子も飽きさせません。

表示価格は本体価格です。別途消費税がかかります。
■ホームページでは，新刊案内など，小社刊行物の詳細な情報を提供しております。
　「総合目録」もダウンロードできます。http://www.reimei-shobo.com/

中村健一・武馬久仁裕著　　　　　　　　　　　　　四六・163 頁　1700 円

子どもも先生も感動！　健一＆久仁裕の目からうろこの俳句の授業

日本一のお笑い教師・中村健一と気鋭の俳人・武馬久仁裕がコラボ！　目の覚める
ような俳句の読み方・教え方がこの 1 冊に。

中村健一編著　　　　　　　　　　　　　　　　　　A5・127 頁　1800 円

新装版　子どもが大喜びで先生もうれしい！　学校のはじめとおわりのネタ 108

日本一のお笑い教師・中村健一先生の，1 年間，1 日，授業，6 年間の学校におけ
るはじめとおわりを充実させるとっておきの 108 のネタ。

中村健一著　　　　　　　　　　　　　　　　　　　B5・62 頁　1650 円

**ゲームはやっぱり
定番が面白い！　ジャンケンもう一工夫 BEST55+α**

定番ゲームの王様「ジャンケン」にもう一工夫加えた，「餃子ジャンケン」「サッカー
ジャンケン」等の最高に盛り上がるジャンケンゲーム 55 種を厳選収録。

中村健一著　　　　　　　　　　　　　　　　　　　B6・94 頁　1200 円

子どもも先生も思いっきり笑える 73 のネタ大放出！

教師のための携帯ブックス①／「笑い」で子どもたちの心をつかみ，子どもたちが
安心して自分の力を発揮できる教室づくりの，楽しい 73 のネタを紹介。

多賀一郎著　　　　　　　　　　　　　　　　　　　A5・99 頁　1600 円

若手教師のための一斉授業入門

新型コロナの影響で，一斉授業が重要になってきています。本書は，一斉授業に不
慣れな若手教師のために一斉授業の基礎・基本を実践的に解説します。

多賀一郎著　　　　　　　　　　　　　　　　　　　A5・126 頁　1800 円

**危機に立つ SNS 時代の教師たち　生き抜くために，
　　　　　　　　　　　　　　　　　　知っていなければならないこと**

バカッター，ラインいじめ等，問題が多発する SNS 時代に，教師が学んでおくべき
子どもを取り巻く SNS の実状や，教師が SNS に関わる上で知っておくべきことを詳述。

多賀一郎著　　　　　　　　　　　　　　　　　　　A5・141 頁　1900 円

一人ひとりが聞く子どもに育つ教室の作り方

名著『全員を聞く子どもにする教室の作り方』から 7 年。さらに進化した全教師待
望の相手の話が聞け，「対話」ができる子どもを育てるための指導の手立てを詳述。

表示価格は**本体価格**です。別途消費税がかかります。

多賀一郎著　　　　　　　　　　　　　　　　　A5・154頁　2000円

改訂版　全員を聞く子どもにする教室の作り方

人の話をきちっと聞ける子どもの育て方を，具体的に順序だてて紹介し，その有効性が実証された前著をグレードアップ。

多賀一郎著　　　　　　　　　　　　　　　　　四六・145頁　1700円

孫子に学ぶ教育の極意

学校は戦場でもある。人気の「孫子の兵法」は教育の現場でも役立ちます。子どもを守るために戦う教師の，目からウロコの「戦いの極意」がこの一冊に。

多賀一郎・南恵介著　　　　　　　　　　　　　四六・158頁　1800円

きれいごと抜きのインクルーシブ教育

問題行動をとりがちな発達障害の子の「捉え方」「対応の仕方」「保護者との関係づくり」などについて，2人の実践家が現実に即したきれいごと抜きの解決策を提示。

三好真史著　　　　　　　　　　　　　　　　　A5・94頁　1600円

スキマ時間で大盛り上がり！　楽しい教室クイズ77

シリーズ・教師のネタ1000①／授業の合間などのスキマ時間に大盛り上がりできる，77の知的なクイズを紹介。学級づくりにも役立つ，先生の味方です。

土作彰著　　　　　　　　　　　　　　　　　　A5・93頁　1600円

どの子も笑顔になれる学級づくり＆授業づくりのネタ35

シリーズ・教師のネタ1000②／地図学習で「東西南北」を一発で覚えられるネタなど，子どもの信頼を勝ち取る，選りすぐりのネタを多数収録。

三好真史著　　　　　　　　　　　　　　　　　A5・93頁　1650円

おカタい授業にクスリと笑いを！　教室ギャグ77

シリーズ・教師のネタ1000③／カタくなりがちな授業をなごませ，思わず子どもたちをクスリとさせる，とっておきのギャグ77種を紹介。

土作彰編著　　　　　　　　　　　　　　　　　A5・102頁　1700円

知っているだけで大違い！　授業を創る知的ミニネタ45

子どもも教師も笑顔になれる，国語・算数・理科・社会の「授業に使えるミニネタ」33種と，「学級経営と授業をスムーズに流せるようになるネタ」12種を紹介。

表示価格は本体価格です。別途消費税がかかります。

蔵満逸司著 　　　　　　　　　　　　　　　　　　　B5・94頁　1800円

小学校　授業が盛り上がるほぼ毎日学習クイズ BEST365

授業の導入や家庭学習に役立つ，ほぼ毎日できる 365 問。クイズはすべて，その日に起きた出来事などから作られた三択クイズ。楽しみながら知識を増やせます。

蔵満逸司著 　　　　　　　　　　　　　　　　　　　B5・85頁　2300円

小学校プログラミング教育の考え方・進め方

小学校で新しく始まるプログラミング教育について，パソコンが苦手な先生でも理解できるよう平易に解説したプログラミング教育の入門書。オールカラー。

蔵満逸司著 　　　　　　　　　　　　　　　　　　　B5・86頁　1800円

ワークシート付き

かしこい子に育てる新聞を使った授業プラン 30 ＋学習ゲーム 7

「新聞のグラフを読み取ろう」「スポーツ記事を書いてみよう」など，新聞を使った小学校の各教科の授業プランと，「新聞たほいや」などの学習ゲームを収録。

蔵満逸司著 　　　　　　　　　　　　　　　　　　　B5・86頁　2300円

教師のための iPhone & iPad 超かんたん活用術

はじめて iPhone や iPad をさわる人でも，すぐに授業や教師生活に活かせるノウハウを収録。操作説明や用語,各教科の授業などに役立つアプリも紹介。オールカラー。

中村健一編著　教師サークル「ほっとタイム」協力 　　　B6・102頁　1300円

デキる！　教師の１日

教師のための携帯ブックス⑱／「朝起きてから学校に着くまで」〜「帰りの会・放課後」「学級事務」まで，１日の流れに沿って，仕事の能率を一挙に上げる方法を紹介。

中村健一とゆかいな仲間たち著 　　　　　　　　　　　B6・96頁　1300円

笑う！　教師の１日

教師のための携帯ブックス⑳／朝イチから帰りまで，授業中や休み時間，給食や掃除の時間にも笑う，子どもたちも教師も笑顔になる 77 のネタ！

中村健一とゆかいな仲間たち著 　　　　　　　　　　　B6・98頁　1300円

もっと笑う！　教師の２日目

教師のための携帯ブックス㉑／教師が上の階から子どもたちに行う「天使のあいさつ」など，朝から帰りまで１日目よりももっと笑えるネタ 80。

表示価格は本体価格です。別途消費税がかかります。